专利保护下的闭环供应链均衡决策优化研究

曹晓刚　闻　卉　著

本书受到武汉纺织大学学术著作出版基金、湖北省高等学校哲学社会科学研究重大项目［湖北省社会科学基金一般项目（前期资助项目）］（19ZD036）、湖北省高校人文社会科学重点研究基地"企业决策支持研究中心"资助项目（DSS20200701）、湖北省教育厅哲学社会科学研究重点项目（20D056）的资助

科　学　出　版　社

北　京

内 容 简 介

闭环供应链在循环经济的理论范式下,将废旧产品的逆向回收纳入企业的战略经营决策体系下,从而在传统供应链管理模式的基础上形成了一条"资源—生产—消费—再生资源"的闭环式链条,具有反馈性、增值性的显著特征。然而,再制造商与原制造商之间的竞争与合作关系,使得再制造系统和闭环供应链中的成员关系与决策问题更加复杂。因此,本书在专利保护环境下,依据决策优化理论、博弈论和消费者效用理论等方法,综合考虑专利保护、供应链渠道结构、政府补贴、再制造程度、再制造竞争、再制造产品质量、再制造联盟决策及博弈结构等对企业最优决策的影响,研究专利保护下的再制造系统与闭环供应链的决策优化问题。

本书适合作为管理科学与工程、工业工程、系统工程、应用数学等相关学科的工作者和研究生的参考书。

图书在版编目(CIP)数据

专利保护下的闭环供应链均衡决策优化研究 / 曹晓刚,闻卉著. —北京:科学出版社,2022.2
ISBN 978-7-03-070345-3

Ⅰ. ①专⋯ Ⅱ. ①曹⋯ ②闻⋯ Ⅲ. ①制造工业 – 供应链管理 – 研究 Ⅳ. ①F407.405

中国版本图书馆 CIP 数据核字(2021)第 219213 号

责任编辑:陶 璇 / 责任校对:刘 芳
责任印制:张 伟 / 封面设计:无极书装

科学出版社 出版
北京东黄城根北街 16 号
邮政编码:100717
http://www.sciencep.com
北京虎彩文化传播有限公司 印刷
科学出版社发行 各地新华书店经销
*
2022 年 2 月第 一 版 开本:720×1000 1/16
2022 年 2 月第一次印刷 印张:7
字数:141 000

定价:98.00 元
(如有印装质量问题,我社负责调换)

前　言

过去十多年来，关于闭环供应链的定价与协调决策问题已成为管理科学中的热点，原因是随着资源短缺和环境问题的日益突出，政府和企业都在寻求一种能够解决生产和资源平衡问题的方法，闭环供应链正是顺应了这一趋势，实现了"经济与环境"的双重综合效益，不仅有助于企业的可持续发展，也有利于国际社会的可持续发展。然而，产品的回收在时间、数量和质量上的高度不确定性使得对闭环供应链相关问题的研究要复杂许多。因此，本书在专利保护环境下，依据决策优化理论、博弈论、协调理论和消费者效用理论等，研究了专利保护下的再制造系统与闭环供应链的决策优化问题。

本书组成如下：第 1 章为研究背景与意义等；第 2 章为国内外研究现状与分析；第 3 章分析专利保护下考虑再制造竞争的闭环供应链定价策略问题；第 4 章为零售商价格领导权结构下考虑专利保护的闭环供应链定价策略问题；第 5 章研究专利保护下零售商负责回收再制造的闭环供应链定价策略问题；第 6 章讨论专利保护下考虑政府补贴的两级再制造供应链生产与定价策略问题；第 7 章研究专利保护下考虑再制造程度的新产品与再制造产品定价策略问题；第 8 章分析考虑再制造产品质量水平和专利保护的闭环供应链战略联盟决策问题；第 9 章对本书进行总结。

非常感谢武汉大学经济与管理学院的王先甲教授和湖北工业大学理学院的闻卉老师及广东科技学院的吴惠老师，本书的编写受益于与他们的研讨，以及他们给予的有价值的建议，也感谢我的研究生张翠薇同学和李园同学对本书的校对。

非常高兴能够与科学出版社的编辑工作人员一起合作。本书的出版得到了武汉纺织大学学术著作出版基金的资助。

我要向我的妻子和儿子表示谢意，他们的爱、支持和鼓励伴随着本书的写作过程。

武汉纺织大学管理学院　曹晓刚
2021 年 6 月于武汉

目 录

1 绪论 ··· 1
　1.1 研究背景和研究意义 ·· 1
　1.2 研究内容 ·· 3
　1.3 研究方法 ·· 5
　1.4 本书的创新之处 ··· 5
2 国内外相关研究综述 ··· 7
3 专利保护下考虑再制造竞争的闭环供应链定价策略 ········ 12
　3.1 引言 ·· 12
　3.2 问题描述及假设 ··· 12
　3.3 集中决策情形 ··· 14
　3.4 分散决策情形 ··· 17
　3.5 本章小结 ·· 20
4 零售商价格领导权结构下考虑专利保护的闭环供应链定价策略 ··· 21
　4.1 引言 ·· 21
　4.2 模型描述与假设 ··· 21
　4.3 零售商价格领导权结构下的定价决策 ······················· 23
　4.4 数值算例分析 ··· 27
　4.5 本章小结 ·· 29
5 专利保护下零售商负责回收再制造的闭环供应链定价策略 ··· 30
　5.1 引言 ·· 30
　5.2 模型假设 ·· 30
　5.3 基本模型 ·· 31
　5.4 本章小结 ·· 33
6 专利保护下考虑政府补贴的两级再制造供应链生产与定价策略 ··· 34
　6.1 引言 ·· 34

  6.2 模型描述与假设……………………………………………………35
  6.3 模型建立与均衡分析………………………………………………37
  6.4 均衡结果对比分析…………………………………………………48
  6.5 数值仿真……………………………………………………………51
  6.6 本章小结……………………………………………………………57

7 专利保护下考虑再制造程度的新产品与再制造产品定价策略…………59
  7.1 引言…………………………………………………………………59
  7.2 模型和假设…………………………………………………………61
  7.3 均衡与比较分析……………………………………………………65
  7.4 数值分析……………………………………………………………70
  7.5 本章小结……………………………………………………………74
  本章附件…………………………………………………………………76

8 考虑再制造产品质量水平和专利保护的闭环供应链战略联盟决策………79
  8.1 引言…………………………………………………………………79
  8.2 问题描述……………………………………………………………79
  8.3 闭环供应链的决策模型……………………………………………81
  8.4 第三方再制造商的战略联盟选择…………………………………90
  8.5 算例分析……………………………………………………………92
  8.6 本章小结……………………………………………………………98

9 总结及进一步的研究方向……………………………………………………100
  9.1 本书总结及主要结论………………………………………………100
  9.2 进一步研究的方向…………………………………………………101

参考文献……………………………………………………………………………102

1 绪 论

1.1 研究背景和研究意义

20世纪90年代以来,环境污染和能源紧缺问题已逐渐成为全球关注的焦点。传统的末端治理方式不能在根本上改善环境,还造成了大量的资源浪费,因此实现社会经济的可持续发展要求把循环经济理念当作一种具体范式,此外,循环经济理念也成为现实生产、生活的指导准则。鉴于此,关于废旧产品回收再制造问题的研究和实践已得到学者、企业和政府的广泛关注。2010年4月,国家发展和改革委员会(简称国家发改委)确定了14家汽车零部件再制造试点企业和35家机电产品再制造试点企业,仅汽车零部件再制造试点工作,中央财政就已经投入了8 000万元。发展再制造业每年可节约1 550亿元,可获得巨大的经济和环境效益。废旧产品的回收再制造不仅给企业带来了显著的经济效益,也产生了巨大的社会和环境效益,McConocha和Speh(1991)曾指出产品的回收再利用不仅能够节省原材料、能源和劳动力,减小企业提前期的不确定所带来的风险,而且能够为企业拓展新市场并提升企业的社会形象。开展逆向物流,进行废旧产品的回收再制造符合循环经济的基本理念,在当今环境保护和节约资源的社会共识下,关于逆向物流及再制造相关问题的理论研究也得到不断的发展。另外,新的经济环境下消费者的消费理念也发生了较大的变化,他们不再仅追求以最低的价格实现预期效用的最大化,而是开始把环保因素纳入自身的消费决策中,逐渐乐意去接受和购买一些再制造产品。新的市场竞争格局下,企业核心竞争力的培养和发展成为最关键的要素之一,因此,废旧产品的回收和再制造成为企业增加收入和利润、提高企业竞争力的一个重要突破口。

然而,仅凭单个企业很难成功实现废旧产品的回收和再制造,因此必须依靠供应链中上游供应商、原制造商到下游的分销商、零售商及顾客的共同合作。在考虑废旧产品的回收决策中,供应链中多个决策主体的协调已经超越了传统供应链单向协调的范畴,此种竞争与合作模式要求将传统的正向供应链与逆向供应链

(reverse supply chain，RSC)进行有机的整合,而闭环供应链(closed-loop supply chain，CLSC)正是为了顺应这一理论思想,在传统供应链管理模式的基础上形成一条"资源—生产—消费—再生资源"的闭环式链条。闭环供应链管理强调从个人到企业、从政府到整个社会的共同参与决策,而其不仅包括一般供应链的决策问题,更为重要和复杂的是要考虑废旧产品逆向回收的不同环节,对闭环供应链相关问题的研究具有一般性和普遍性的意义。实施闭环供应链管理不仅能够扩大企业市场份额和提高利润,还能够提高企业的品牌影响力和竞争力,为企业赢得良好的声誉。如何将正向供应链和逆向供应链进行有机集成已经成为学术界和企业界面临的一个巨大挑战。

随着市场竞争的加剧和资源、环境等问题的日益突出,废旧产品的回收再制造受到越来越多的关注。以电子制造行业为例,苹果、惠普、富士施乐等国际知名公司纷纷将产品再制造纳入公司的总体战略中,以期实现经济与环境的协调发展(Ginsburg,2001)。富士施乐在五年内回收再制造节省原材料成本达两亿美元;惠普生产的可重复利用的打印机墨盒已产生可观的经济和社会效益;大众汽车的发动机也已实施再制造策略,大众一汽发动机(大连)有限公司再制造项目为一汽和大众合资建造的项目,最早于2010年9月启动,并于2011年8月正式投产,该项目也是大众在德国之外设置的第一个再制造项目。此外,出于回收成本和品牌的考虑,很多原制造商并不进行废旧产品的回收再制造,而是授权占据再制造市场主体的第三方再制造商进行回收再制造,如苹果公司和IBM(International Business Machines Corporation,国际商业机器公司),同时再制造商需向原制造商交纳一定的专利许可费。再制造系统中,各主体之间是竞争与合作的关系,专利许可环境下的产品价格决策、权力结构及利益分配是再制造系统及闭环供应链运行的关键。因此,在专利保护环境下研究再制造系统与闭环供应链的生产、定价、政府补贴与联盟决策机制问题具有重要的理论和现实意义。

鉴于此,本书基于闭环供应链外部消费者需求、政府补贴、内部竞争及联盟合作的背景,根据循环经济和可持续发展的战略思想,在分析供应链内部成员间及销售、产品、逆向渠道的相互作用和竞争行为的基础上,研究专利保护下的再制造闭环供应链的定价机制、消费者偏好、政府补贴及战略联盟决策问题。从理论意义上看,对专利保护环境下再制造及闭环供应链的生产与定价机制问题的研究丰富和发展了供应链管理中的定价决策理论,为知识产权保护环境下闭环供应链的高效运作及有机整合提供了一定的理论借鉴,有利于提高闭环供应链的管理绩效和实现闭环供应链管理的集成化运作。从实践意义上看,该研究能为我国企业的再制造及闭环供应链管理实践提供重要的理论依据和决策支持,对发展循环经济、建设两型社会和促进我国经济的可持续发展具有重要的实践价值。

1.2 研究内容

本书在专利保护环境下审视再制造闭环供应链中的生产与定价决策问题，综合考虑再制造竞争、权力结构、回收渠道结构、政府补贴、两级再制造、战略联盟结构对闭环供应链成员均衡决策及利润的影响。本书的内容框架如图 1.1 所示。

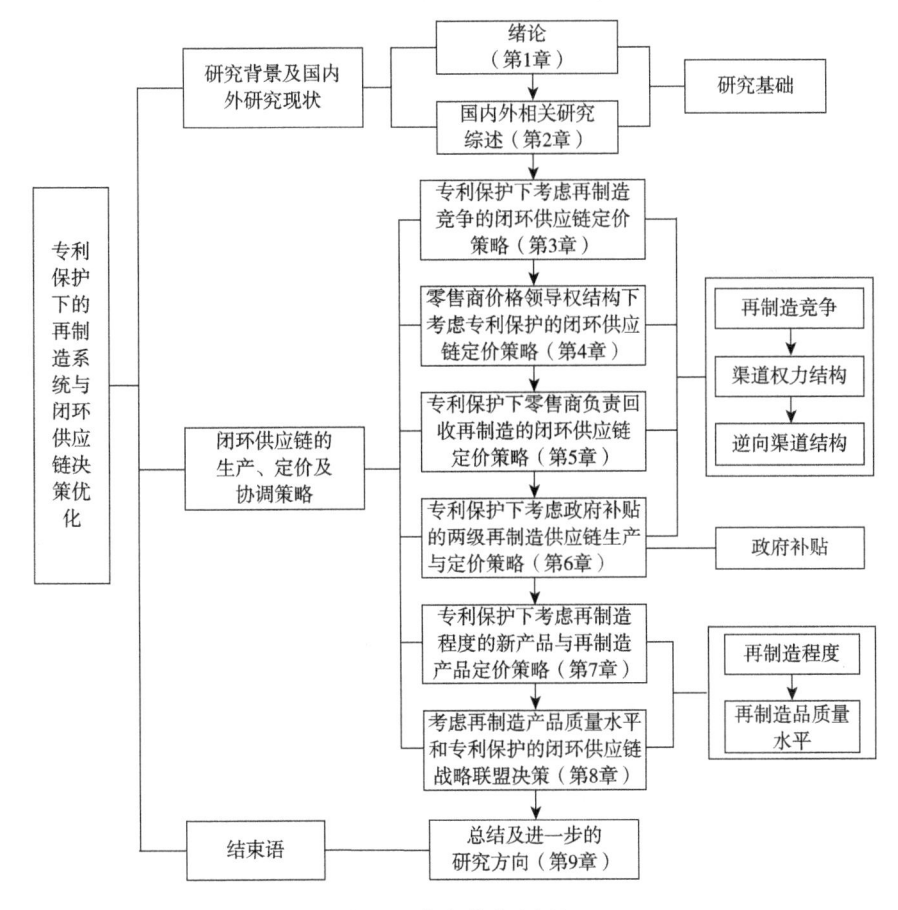

图 1.1 本书的内容框架

本书具体内容如下。

第 1 章介绍本书的研究背景和研究意义，并对本书的主要研究内容和研究方法进行总结，在与以往研究成果的对比分析上说明本书的研究创新点。

第 2 章对国内外的相关研究成果进行综述，首先，对闭环供应链的一般性的定价与协调问题进行综述；其次，从专利产品再制造、政府补贴、消费者偏好、两级再制造、供应链成员合作等多个方面对闭环供应链定价与协调决策问题进行简要综述；最后，对目前学术界关于闭环供应链决策问题的研究成果进行简要评述，从而为后文的研究提供理论参考。

第3章在专利保护环境下考虑存在两个相互竞争的再制造商的闭环供应链定价与协调决策问题，探究专利许可对原制造商及两个再制造商的定价与回收决策的影响问题，分析最优产品销售价格、批发价格及废旧产品回收价格的变化规律。

第4章在考虑专利许可的前提下对闭环供应链的定价策略进行分析，采用博弈分析方法探讨零售商领导原制造商、原制造商领导再制造商的闭环供应链定价策略，得到最优销售价格、批发价格、单位专利许可费及废旧产品回收价格的最优策略，并探讨最优销售价格、批发价格、单位专利许可费及废旧产品回收价格随再制造成本节约的变化规律。

第5章研究专利保护下零售商负责回收再制造的闭环供应链，探讨原制造商和零售商的定价和回收策略，以谋求自身利益的最大化，并使得废旧产品得到最大程度的利用。

第6章主要针对包含一个供应商、一个装配商和一个再制造商的两级再制造供应链进行研究，供应商和再制造商分别进行核心零部件2和普通零部件1的再制造，再制造商对零部件1的再制造受到供应商的专利保护，需向供应商交纳专利许可费。另外，考虑到政府对再制造行为进行补贴的因素，我们按照政府不提供补贴、政府给供应商提供补贴、政府给再制造商提供补贴三种模式分析供应商作为领导者，装配商和再制造商作为跟随者且装配商和再制造商关于产量形成古诺竞争的Stackelberg博弈模型。

第7章讨论专利保护下考虑再制造程度的新产品和再制造产品的定价问题。通过两周期模型和Stackelberg博弈模型，得到约束优化问题和无约束优化问题两种情况下的均衡价格和再制造程度。我们用比较静态分析来分析消费者对再制造程度的关注程度和再制造执行效率对约束情况下均衡决策的影响。此外，本书还进行了数值分析，分析消费者对再制造产品的接受程度和第一周期新产品的零售价格对约束情况下均衡决策的影响，分析消费者对再制造产品的接受程度、消费者对再制造程度的关注程度和第三方再制造执行效率对无约束情况下均衡决策的影响。

第8章构建了具有产品知识产权的单一原制造商、单一零售商及单一第三方再制造商组成的闭环供应链结构。在考虑再制造产品质量水平的情况下，运用Stackelberg博弈模型，构建无联盟，原制造商与第三方再制造商联盟，零售商与第三方再制造商联盟及原制造商、零售商和第三方再制造商组成的联盟四种闭环供应链结构模型，对比分析这四种模型的最优均衡决策，通过数值分析对模型最优决策进行验证，并进一步分析再制造产品质量和第三方再制造商在联盟中的决策影响力对再制造商决策的影响。

第9章对全书的研究结论及局限做出相关的概述,并总结出进一步的研究方向。

1.3 研究方法

本书整体上通过量化的方法建立相关的决策模型并进行分析,遵从问题导向,主要采用博弈分析法、最优化方法和消费者效用理论等几种研究方法对专利保护环境下闭环供应链的生产与定价决策问题进行分析,具体的研究思路和方法如下。

(1)在已有文献对专利保护环境下闭环供应链的定价、协调机制、政府补贴、消费者偏好、两级再制造问题的最优决策模型的研究基础上进行深入的归纳和总结,并结合典型企业的具体实践,建立更加符合实际的决策模型。

(2)综合运用最优化方法和动态竞争博弈模型对模型进行处理、分析和求解。首先,分析和选取关键影响因素及变量,从而建立科学的决策模型;其次,在此基础上,通过数理分析方法得到系统最优决策解。

(3)针对较为复杂的模型,首先,运用仿真模拟的方法或通过开发一定的算法获得其均衡解,进一步分析模型的性质和特点发掘问题的规律;其次,通过对中间决策变量(如再制造程度和单位专利许可费等)的控制,分析它们之间的关系,并总结出理论化的研究成果。

1.4 本书的创新之处

在对比分析已有相关研究的基础上,结合本书的研究内容和方法,本书的创新点主要体现在以下几个方面。

(1)针对专利保护下的再制造竞争决策问题,目前很少有文献涉及。本书在专利保护环境下考虑存在两个相互竞争的再制造商的闭环供应链定价策略问题,探究专利许可对原制造商及两个再制造商的定价与回收决策的影响问题,分析最优产品销售价格、批发价格及废旧产品回收价格的变化规律。本书研究了零售商具有价格领导权结构下考虑专利保护的闭环供应链定价策略问题,得出了零售商、原制造商和再制造商的最优策略,为零售商价格领导权结构下的再制造决策提供了一定的理论依据和管理启示。在研究问题上具有创新性。

(2)已有文献从不同的角度对再制造竞争和闭环供应链均衡决策及利益协调问题进行了研究,但均没有从第三方再制造商参与和政府补贴的视角分析考虑零部件差异性的两级再制造供应链决策问题。本书在专利保护环境下分析三种补贴情形下的两级再制造供应链的生产与定价决策问题。在研究视角上具有创新性。

（3）已有研究没有考虑到消费者偏好、再制造产品质量水平和供应链成员的联盟行为三者共同作用对闭环供应链决策的影响，并且主要关注原制造商在闭环供应链中的联盟决策，而尚未考虑在闭环供应链中处于弱势地位的第三方再制造商的决策问题。本书根据博弈论的思想，借鉴消费者偏好、供应链中成员合作及专利保护等理论研究成果，构建了专利保护下考虑再制造产品质量水平的闭环供应链模型，探讨闭环供应链中成员的联盟行为和再制造产品质量水平对闭环供应链定价决策及利润的影响，进而确定第三方再制造商的最优战略联盟选择决策。研究内容具有创新性。

2 国内外相关研究综述

关于闭环供应链的研究已经有很多文献集中于闭环供应链的决策结构及新产品、再制造产品、废旧产品的定价和供应链的协调等方面。关于闭环供应链的决策结构效率方面，黄祖庆和达庆利（2006）研究了该供应链在不同决策结构下的收益和效率问题；黄祖庆等（2008）研究了第三方负责回收的再制造闭环供应链的收益问题。有关闭环供应链的定价与协调方面，Wu 等（2008）研究发现竞争下的再制造可以成为一种有效的营销策略，使原制造商能够通过价格歧视来维护自己的市场份额；Ferguson 等（2006）研究了含有缺陷产品的闭环供应链的协调问题；王文宾等（2011）研究了集中式和分散式决策的三种渠道权力结构下闭环供应链的定价问题；张曙红等（2012）针对存在政府奖惩激励措施的闭环供应链系统通过博弈论方法研究了新产品和再制造产品的无差别定价策略；郭军华等（2012）在消费者对新产品及再制造产品支付意愿不一致的情形下研究了再制造闭环供应链的定价策略及协调机制；唐秋生等（2012）建立了由原制造商同时负责产品生产与回收的数量折扣博弈模型，并分析了闭环供应链在有限产能及废旧物品回收量有限条件下的最优定价策略；易余胤和袁江（2012）分析了渠道冲突对节点企业定价决策和利润的影响；Zhou 等（2011）研究最优制造—再制造—处置决策，结果表明采用最优策略可以显著降低系统的成本；Ferrer 和 Swaminathan（2006）在单寡头和双寡头环境下分析了第一周期生产新产品，第二周期往后既生产新产品又生产再制造产品的再制造策略问题；Savaskan 等（2004）在零售商竞争环境下探讨了逆向渠道的产品回收问题；Debo 等（2005）在异质性消费群体环境下研究了包含再制造产品的联合定价与生产技术选择问题；Ferguson 等（2006）在再制造产品面临竞争威胁的情形下探讨了原制造商的回收策略问题；Bakal 和 Akcali（2006）研究了多周期随机需求下的回收定价策略；Atasu 等（2008）研究了竞争环境下通过价格歧视把再制造策略作为一种营销策略的问题；易余胤（2009）在原制造商领导、零售商领导和无市场领导者三种权力结构下建立了基于竞争零售商的闭环供应链模型，分析了不同结构对回收率、零售价格及渠道成员利润和渠道总利润的影响；包晓英等（2010）在单周期环境下探讨了新产品和再制造产品采取差别定价时的定价与协调策略；聂佳佳和熊中楷（2011）分析了零售商预测信息分享对第三方负责回收闭环供应链的影响问题；曹晓刚（2017）从多个角度针对不确定环境下的闭环供应链的定价、协调与网络均衡决策问题进行了研究。

以上文献均从原制造商或零售商的角度来探讨回收渠道选择、再制造策略及闭环供应链的定价与协调问题，并没有考虑第三方再制造过程中的专利保护问题。随着再制造产业的发展，原制造商与再制造商的利益冲突和知识产权纠纷问题逐渐显现，2007 年，佳能公司就以 Recycle Assist 公司进口、销售的再生墨盒侵犯其专利为由提起诉讼，耗时 43 个月历经三审，最终以佳能公司胜诉而告终，这凸显知识产权在再制造业中的重要性（张蕾，2008）。以往专利产品再制造的文献中大多从许可角度来讨论产品制造的知识产权保护，从管理学的角度来研究再制造问题鲜有报道（张玲，2007；张铜柱等，2010）。出于激励创新的考虑，同时也为了保障专利持有者的利益，世界各国越来越重视专利持有人的知识产权保护，专利许可已成为企业获取经济利益的重要手段。在专利许可方式上，Aoki、Schmitz 等学者做了相应的研究（Aoki and Tauman，2001；Wang，2002；Sen and Tauman，2007；Schmitz et al.，2012）。但这些研究只集中在新产品与新技术的许可上，忽略了第三方进入再制造业所存在的专利许可及知识产权保护问题。熊中楷等（2011，2012）探讨了受专利保护下原制造商所采取的不同再制造策略，但只考虑了第三方从事再制造情况，忽略了零售商从事再制造的可能性，与传统原制造商和第三方再制造商相比，零售商从事再制造业务的优势是熟悉市场和客户，经营能力强，原材料采购方式更加灵活多样。基于此，本书研究专利保护下的再制造系统与闭环供应链决策问题。与本书研究内容相关的理论主要有以下几个方面。

（1）关于政府补贴方面，Webster 和 Mitra（2007）在竞争环境下研究了政府的回收法律对原制造商及再制造商定价决策及利润的影响；Mitra 和 Webster（2008）从政府对回收再制造活动提供补贴的角度研究了原制造商和再制造商的竞争策略；Li 等（2014）研究了碳补贴对再制造闭环供应链的影响；Hong 等（2014）研究了在电子产品逆向供应链中预付费和补贴干预对逆向供应链决策的影响问题；张汉江等（2016）以最小化政府财政支出为目标，分析求解了政府、原制造商和再制造商的最优决策；舒彤等（2017）在考虑消费者支付意愿存在显著差异、消费者和原制造商存在不同政府补贴分配比例情况下，探讨了政府补贴再制造产品对产品价格、需求及对消费者、原制造商、社会总收益的影响；Jena 等（2018）重点研究了在价格竞争条件下，政府激励如何影响三级闭环供应链系统的商业决策问题；王文宾和邓雯雯（2016）研究了不同政府决策目标下奖惩机制对逆向供应链决策的影响问题；肖露等（2017）基于产品设计的角度讨论了政府通过调整对新产品征收的生产税来干预再制造的决策问题；李新然和左宏炜（2017）构建了政府双重干预下的双销售渠道闭环供应链模型；王文宾等（2011）运用动态博弈方法研究了政府引导下原制造商生产单位产品的节能程度对闭环供应链决策的影响；王道平等（2019）通过引入改进的收益共享契约分析了政府碳排放约束及奖惩力度对供应链利润的影响。但这些研究没有考虑第三方再制造商参与回收再制造的情形。

（2）关于专利产品再制造方面，熊中楷等（2011）建立了受专利保护的原制造商许可第三方再制造的闭环供应链模型，并分析了专利许可因素对旧产品回收再制造的影响；熊中楷等（2012）分析了受专利保护下原制造商采取不同再制造策略的定价决策及边界条件；申成然等（2015）研究了在专利完善市场受专利保护的原制造商所采取的不同模式，即原制造商自己再制造模式和许可经销商进行再制造模式，并建立了差异再制造主体的闭环供应链模型；Zou 等（2016）在考虑消费者剩余、社会福利、环境影响的情况下，对比分析了品牌或专利产品的外包再制造、授权再制造两种再制造模式的优劣；赵俊杰等（2018）考虑无专利许可下原制造商再制造和不同专利许可模式下原制造商委托零售商进行再制造的情形，构建了三种再制造模式（原制造商再制造模式、零售商单位产品专利许可再制造模式及零售商固定专利许可再制造模式）下的闭环供应链产品定价和回收决策模型；Zhang 和 Ren（2016）在需求竞争环境下研究了考虑专利产品再制造的闭环供应链协调策略；Hong 等（2017）在考虑两种专利许可方式的情况下研究了闭环供应链的生产与回收决策；孙浩等（2017）针对由原制造商和再制造商组成的两周期闭环供应链系统，在两种竞争模式（具有专利授权机制的竞争模式和无专利授权机制的竞争模式）及合作模式下探讨了原制造商和再制造商的最优博弈策略问题；易余胤和阳小栋（2014）在异质性消费市场中，构建了不同专利许可模式的闭环供应链模型，并对两种不同的再制造专利许可模式进行了对比分析；许民利等（2016）在考虑低碳消费者行为和专利保护的情形下，建立了不同消费者群体支付意愿的需求模型，研究了新产品和再制造产品的定价决策；刘志等（2018）针对高端产品和低端产品的差异化竞争，研究了消费者异质需求下再制造专利许可对闭环供应链生产决策、利润及环境效益的影响。这些研究均没有考虑零部件再制造的问题，也没有考虑政府补贴再制造对供应链成员决策和利润的影响问题。

（3）关于两级再制造决策方面，赵晓敏等（2012）采用博弈论对由一个供应商和一个原制造商构成的 S-M 两级闭环供应链进行研究，分析了供应商强势、原制造商强势及供应商和原制造商势力均衡时的定价策略和供应链系统绩效；丁斌和马海庆（2015）运用 Stackelberg 博弈模型对供应商强势背景下供应商选择参与和选择不参与零部件的回收再制造的两种 S-M 闭环供应链进行了研究，并对两种情形下的定价决策和收益进行了对比分析，但并没有考虑多种零部件的差异性再制造问题，也没有探讨第三方再原制造商参与回收再制造的决策问题。

（4）关于消费者对待新产品和再制造产品的态度方面，诸多学者对供应链中的消费者偏好问题进行了研究，Ferrer 和 Swaminathan（2010）假设消费者对新产品和再制造产品存在异质性偏好，研究了多种再制造系统的最优产量及定价决策；Shen 和 Su（2007）提出了跨期需求差异的动态定价模型，并且将市场中的目标顾客群体划分为短视型顾客和策略型顾客两个群体，确定了商品在不同时间点上的动态销售价格；Yan 和 Pei（2010）构建了一个零售商—多渠道原制造商供应链结构，并考虑了消费者需求状态对供应链的影响；曹晓刚等（2015）在消费者具有渠道偏好的情形下，研究了双渠道闭环供应链的定价及协调策略；王芹鹏和赵道致（2014）在消费者偏好低碳产品及生产企业具有节能减排意识的情形下，研究了由单一供应商与单一零售商构成的两级供应链的最优决策；许垒和李勇建（2013）构建了具备网络渠道风险和零售渠道搜索成本的消费者渠道选择模型，构建了四种双渠道供应链结构，并分析了四种渠道结构的供应链效率；陈章跃等（2016）考虑到顾客具有产品质量偏好且对价格和产品周期敏感，将顾客的策略程度作为内生变量，对闭环供应链决策进行了研究；张川等（2018）建立了两阶段定价模型，研究顾客策略行为对商家总利润的影响；王玉燕和于兆青（2018）构建了四种不同决策顺序的供应链结构，分析了网络平台服务及消费者偏好对供应链的影响。

（5）关于供应链中成员合作的研究方面，Bhattacharya 和 Wassenhove（2006）构建了四种不同协作方式的闭环供应链结构，研究了零售商订购新产品和再制造产品的最优订单数量问题；Nagarajan 和 Sosic（2008）构建了多种供应链模型，研究了供应链联盟中的利润分配与联盟稳定性之间的关系；聂佳佳（2012）构建了四种闭环供应链成员联盟模型，通过对比四种供应链结构的最优决策，发现回收品价格和回收努力成本将影响到回收策略的制定；郑本荣等（2018）构建了无联盟、原制造商与零售商联盟、原制造商与第三方联盟及闭环供应链整体组成联盟四种决策模型，分析了回收渠道竞争对原制造商最优联盟决策的影响，研究表明，原制造商进入回收市场是占优决策，选择何种联盟取决于回收市场的竞争强度；肖旦等（2017）构建了三种不同的采购联盟结构，针对供应商不同的契约形式，研究了零售商采购联盟的远视稳定结构。

上述文献为闭环供应链的相关研究提供了重要的思路和借鉴，但仍存在不足，主要表现在：现有研究没有考虑到再制造竞争、渠道权力结构、政府补贴、再制造程度、两级再制造、消费者偏好、再制造产品质量水平和供应链成员的联盟行为等因素对闭环供应链决策的影响；已有研究主要关注原制造商在闭环供应链中的决策，而尚未考虑闭环供应链中处于弱势地位的第三方再制造商的决策问题。

本书根据博弈论的思想，构建了专利保护下考虑多种因素影响的闭环供应链模型，探讨闭环供应链中成员的竞争、权力结构、联盟行为和再制造产品质量水平及政府补贴对闭环供应链定价决策和利润的影响。

3 专利保护下考虑再制造竞争的闭环供应链定价策略

3.1 引　　言

随着经济的高速发展和市场竞争的不断加剧，出于环境保护和可持续发展的需要，闭环供应链成为企业界和学术界关注的重点。在闭环供应链管理问题中，废旧产品的回收与再制造决策是影响供应链系统效率的一个重要方面。废旧产品的回收有三种模式，即原制造商回收、零售商回收、第三方负责回收。出于成本和品牌的考虑，原制造商和零售商往往不进行废旧产品的回收与再制造工作，而由第三方再制造商来完成，提高原制造商的利润和整个供应链的效率。因此，出于保护原制造商的考虑，再制造商只有获得原制造商的专利许可方可进行再制造活动。随着再制造产业的发展，原制造商与再制造商的利益冲突和知识产权纠纷问题逐渐显现。本章将在已有文献基础上，探究专利许可对原制造商及两个再制造商定价与回收决策的影响问题。

3.2 问题描述及假设

本章考虑由一个原制造商、一个零售商、两个再制造商组成的闭环供应链系统，原制造商负责新产品的生产，并通过专利许可的方式授权两个相互竞争的再制造商负责废旧产品的回收再制造活动，只有一部分废旧产品可以进行再制造，不能进行再制造的另一部分废旧产品进行残值处理。零售商同时负责销售新产品和再制造产品，一个单位的废旧产品可以生产一个单位的再制造产品。假设新产品与两种再制造产品没有质量差别，以相同的价格出售，所有的再制造产品均能销售出去（熊中楷等，2011）。专利许可下考虑再制造竞争的闭环供应链结构如图3.1所示。

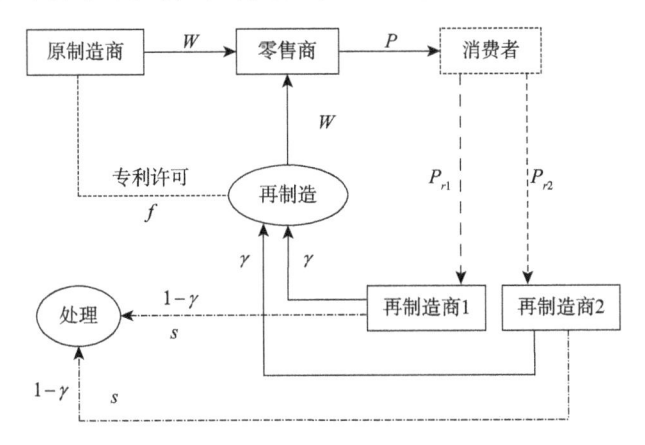

图 3.1 专利许可下考虑再制造竞争的闭环供应链结构

本章的符号说明如下。

P：产品的单位零售价格，是零售商的决策变量。

W：原制造商及两个再制造商给予零售商的产品单位批发价格，是原制造商的决策变量。

$P_{ri}(i=1,2)$：第 i 个再制造商回收废旧产品的回收价格，是第 i 个再制造商的决策变量。

G_i：第 i 个再制造商回收废旧产品的回收量，且 $G_i = k + hP_{ri} - \lambda P_{rj}$ $(i=1,2; j=3-i)$。其中，$h > \lambda > 0, k > 0$；k 表示消费者的社会环保意识；h 表示消费者对回收价格的敏感程度；λ 表示两个再制造商在回收市场上的竞争系数。

C_m：原制造商利用原材料生产新产品的单位成本。

C_r：两个再制造商的再制造成本，$\Delta = C_m - C_r$ 为两个再制造商的单位再制造节约成本。

f：原制造商向两个再制造商收取的单位专利许可费，是原制造商的决策变量。

γ：废旧产品的再制造率，$\gamma \in [0,1]$。

s：不能用于再制造的废旧产品单位残值，$0 < s < \Delta$。

D：产品的市场需求量，$D(P) = a - bP$，其中 a, b 为常数，且 $a > 0, b > 0$，a 表示产品的市场容量；b 表示消费者对产品价格的敏感系数。

Π_l：表示节点企业 l 的利润函数，$l \in \{R, M, T_i\}$；R 表示零售商；M 表示原制造商；$T_i(i=1,2)$ 表示第 i 个再制造商。

根据以上描述和假设，可得原制造商、零售商、两个再制造商及整个闭环供

应链的利润函数分别为

$$\Pi_M = (W-C_m)[D(P)-\gamma\sum_{i=1}^{2}(k+hP_{ri}-\lambda P_{rj})]+f\gamma\sum_{i=1}^{2}(k+hP_{ri}-\lambda P_{rj})$$
$$=(W-C_m)(a-bP)+\gamma(f+C_m-W)\sum_{i=1}^{2}(k+hP_{ri}-\lambda P_{rj})$$
（3.1）

其中，$j=3-i$。

$$\Pi_R = (P-W)D(P)=(P-W)(a-bP) \quad (3.2)$$

$$\Pi_{Ti} = (W-C_r-f)\gamma(k+hP_{ri}-\lambda P_{rj})-P_{ri}(k+hP_{ri}-\lambda P_{rj})+s(1-\gamma)(k+hP_{ri}-\lambda P_{rj})$$
$$=[(W-C_r-f-s)\gamma-P_{ri}+s](k+hP_{ri}-\lambda P_{rj})$$
（3.3）

其中，$i=1,2$，$j=3-i$。

$$\max \Pi = (P-C_m)\left[D(P)-\gamma\sum_{i=1}^{2}(k+hP_{ri}-\lambda P_{rj})\right]+\gamma\sum_{i=1}^{2}(P-C_r)(k+hP_{ri}-\lambda P_{rj})$$
$$-\sum_{i=1}^{2}P_{ri}(k+hP_{ri}-\lambda P_{rj})+s(1-\gamma)\sum_{i=1}^{2}(k+hP_{ri}-\lambda P_{rj})$$
$$=(P-C_m)(a-bP)+(C_m\gamma+s-s\gamma)\sum_{i=1}^{2}(k+hP_{ri}-\lambda P_{rj})$$
$$-\gamma\sum_{i=1}^{2}C_r(k+hP_{ri}-\lambda P_{rj})-\sum_{i=1}^{2}P_{ri}(k+hP_{ri}-\lambda P_{rj})$$
（3.4）

其中，$j=3-i$。

3.3 集中决策情形

集中决策情形下新产品和再制造产品的批发价格及专利许可费都在供应链内部转移，不影响供应链总利润，因此，集中决策情形下闭环供应链系统建模如下：

$$\max_{P,P_{r1},P_{r2}} \Pi^C = (P-C_m)\left[D-\gamma\sum_{i=1}^{2}(k+hP_{ri}-\lambda P_{rj})\right]+\gamma\sum_{i=1}^{2}(P-C_r)(k+hP_{ri}-\lambda P_{rj})$$
$$-\sum_{i=1}^{2}P_{ri}(k+hP_{ri}-\lambda P_{rj})+s(1-\gamma)\sum_{i=1}^{2}(k+hP_{ri}-\lambda P_{rj})$$
$$=(P-C_m)(a-bP)+(C_m\gamma+s-s\gamma)\sum_{i=1}^{2}(k+hP_{ri}-\lambda P_{rj})$$
$$-\gamma\sum_{i=1}^{2}C_r(k+hP_{ri}-\lambda P_{rj})-\sum_{i=1}^{2}P_{ri}(k+hP_{ri}-\lambda P_{rj})$$
（3.5）

其中，$j = 3 - i$。

对式（3.4）分别求关于 P、P_{r1}、P_{r2} 的一阶条件可得

$$P^{CS*} = \frac{a + bC_m}{2b} \quad (3.6)$$

$$P_{r1}^{CS*} = P_{r2}^{CS*} = \frac{k + s(\gamma - 1)(h - \lambda) + \gamma(h - \lambda)(C_r - C_m)}{2(\lambda - h)} \quad (3.7)$$

其中，P^{CS*} 表示集中决策情形下的最优产品零售价格；P_{r1}^{CS*}、P_{r2}^{CS*} 分别表示集中决策情形下两个再制造商关于废旧产品的最优回收价格。

由此，可得以下结果。

命题 3.1 集中决策情形下闭环供应链系统的最优策略集为 $(P^{CS*}, P_{r1}^{CS*}, P_{r2}^{CS*})$。

此时，整个供应链系统的最优利润为

$$\Pi^{C*} = [a^2(h - \lambda) + 2abC_m(\lambda - h) + b(bC_m^2(h - \lambda) + 2(k + (h - \lambda)(a^2(h - \lambda) + 2abC_m(\lambda - h) + b(bC_m^2(h - \lambda) + 2(k + (h - \lambda)(C_m\gamma + s - \gamma(C_r + s)))^2)] / [4b(h - \lambda)] \quad (3.8)$$

结论 3.1 集中决策情形下的最优产品销售价格 P^{CS*} 关于消费者对产品价格的敏感系数 b 单调递减。

证明：由于 $\frac{\partial P^{CS*}}{\partial b} = -\frac{a}{2b^2} < 0$，结论成立。

结论 3.1 表明，在集中决策情形下，如果消费者对产品价格的敏感程度增加，那么只有降低销售价格才能使得产品的需求量增加，从而使得整个供应链的利润增加；如果消费者对产品价格的敏感程度降低，则适当提高产品的销售价格也不会使得产品的需求量减少，那么整个供应链的利润还是增加的。

结论 3.2 集中决策情形下两个再制造商的废旧产品最优回收价格 P_{r1}^{CS*} 和 P_{r2}^{CS*} 关于废旧产品的再制造率 γ 单调递增。

证明：由于 $\frac{\partial P_{r1}^{CS*}}{\partial \gamma} = \frac{\partial P_{r2}^{CS*}}{\partial \gamma} = \frac{1}{2}(C_m - C_r - S) = \frac{1}{2}(\Delta - S) > 0$，结论成立。

结论 3.2 表明，在集中决策情形下，如果废旧产品的再制造率增加，那么提高回收价格将会使得废旧产品的回收量增加，可以通过增加再制造产品的生产数量，增加再制造成本节约，从而提高整个供应链的利润；如果废旧产品的再制造率减少，说明有更多的废旧产品不能用于再制造，只能进行残值处理，从而降低再制造成本节约，那么降低废旧产品的回收价格将会节约更多的回收成本，使得整个供应链的利润增加。

结论 3.3 集中决策情形下两个再制造商的废旧产品最优回收价格 P_{r1}^{CS*} 和 P_{r2}^{CS*} 关于消费者对回收价格的敏感系数 h 单调递增。

证明：由于 $\dfrac{\partial P_{r1}^{CS*}}{\partial h} = \dfrac{\partial P_{r2}^{CS*}}{\partial h} = \dfrac{k}{2(h-\lambda)^2} > 0$，结论成立。

结论 3.3 表明，在集中决策情形下，如果消费者对回收价格的敏感系数增加，那么提高回收价格将会使得废旧产品的回收量增加，可以增加再制造产品的生产数量，增加再制造成本节约，从而提高整个供应链的利润；如果消费者对回收价格的敏感系数减少，那么降低回收价格将不会使废旧产品的回收量急速减少，从而节约回收成本，提高整个供应链的利润。

结论 3.4 集中决策情形下两个再制造商的废旧产品最优回收价格 P_{r1}^{CS*} 和 P_{r2}^{CS*} 关于两个再制造商的竞争系数 λ 单调递减。

证明：由于 $\dfrac{\partial P_{r1}^{CS*}}{\partial \lambda} = \dfrac{\partial P_{r2}^{CS*}}{\partial \lambda} = -\dfrac{k}{2(h-\lambda)^2} < 0$，结论成立。

结论 3.4 表明，在集中决策情形下，如果两个再制造商的竞争程度提高，废旧产品的回收难度增加，那么降低回收价格反而能节约更多的回收成本，增加整个供应链的利润；如果两个再制造商的竞争程度降低，废旧产品的回收难度降低，那么提高回收价格将能回收更多的废旧产品用于再制造，可以增加再制造成本节约，提高整个供应链的利润。

结论 3.5 集中决策情形下两个再制造商的废旧产品最优回收价格 P_{r1}^{CS*} 和 P_{r2}^{CS*} 关于不能用于再制造的废旧产品单位残值 s 单调递增。

证明：由于 $\dfrac{\partial P_{r1}^{CS*}}{\partial s} = \dfrac{\partial P_{r2}^{CS*}}{\partial s} = \dfrac{1-\gamma}{2} > 0$，结论成立。

结论 3.5 表明，在集中决策情形下，如果不能用于再制造的废旧产品单位残值增加，那么提高回收价格将能回收更多的废旧产品，不能用于再制造的那一部分废旧产品的价值增加，导致整个供应链的利润增加；如果不能用于再制造的废旧产品单位残值减少，说明不能用于再制造的那一部分废旧产品的价值减少，降低回收价格反而能节约更多的回收成本，提高整个供应链的利润。

结论 3.6 集中决策情形下供应链系统的最优总利润 Π^{C*} 关于废旧产品的再制造率 γ 单调递增。

证明：$\dfrac{\partial \Pi^{C*}}{\partial \gamma} = (C_m - C_r - s)\{k + (h-\lambda)[\gamma(C_m - C_r) + s(1-\gamma)]\}$，又根据前面的假设可知，$C_m - C_r - s > 0$，$h - \lambda > 0$，$\gamma(C_m - C_r) + s(1-\gamma) > 0$，因此 $\dfrac{\partial \Pi^{C*}}{\partial \gamma} > 0$，结论成立。

结论 3.6 表明，在集中决策情形下，废旧产品再制造率的提升使得更多的废旧产品可以用于再制造，整个供应链的生产成本节约得以增加，将降低整个供应链系统的生产成本，从而使得供应链总利润增加。

结论 3.7 集中决策情形下供应链系统的最优总利润 Π^{C*} 关于不能用于再制造的废旧产品单位残值 s 单调递增。

证明：$\dfrac{\partial \Pi^{C*}}{\partial s} = (1-\gamma)\{k+(h-\lambda)[\gamma(C_m-C_r)+s(1-\gamma)]\}$，又根据前面的假设可知，$1-\gamma>0$，$h-\lambda>0$，$\gamma(C_m-C_r)+s(1-\gamma)>0$，因此 $\dfrac{\partial \Pi^{C*}}{\partial s}>0$，结论成立。

结论 3.7 表明，在集中决策情形下，不能用于再制造的废旧产品单位残值的增加将使得整个供应链总利润增加。

结论 3.8 集中决策情形下供应链系统的最优总利润 Π^{C*} 关于消费者的社会环保意识 k 单调递增。

证明：由于 $\dfrac{\partial \Pi^{C*}}{\partial k} = \dfrac{k+(h-\lambda)[(C_m-C_r)\gamma+(1-\gamma)s]}{h-\lambda} > 0$，结论成立。

结论 3.8 表明，在集中决策情形下，随着消费者社会环保意识的提高，两个再制造商将能够回收更多的废旧产品用于再制造，从而为整个供应链节约更多的生产成本，使得整个供应链总利润增加。

3.4 分散决策情形

我们采用 Stackelberg 博弈模型来分析原制造商、零售商及两个再制造商的决策行为，其中原制造商为领导者，零售商和两个再制造商为跟随者，具体决策过程如下：首先，原制造商确定产品的批发价格 W 和再制造产品的专利许可费 f 使得原制造商的收益最大化；其次，零售商根据原制造商制定的批发价格确定产品的零售价格 P^{DS}，两个再制造商根据原制造商制定的专利许可费来确定废旧产品的回收价格 P_{r1}^{DS}、P_{r2}^{DS}。

按照逆向推导法，首先对式（3.2）和式（3.3）分别求关于 P 和 P_{r1}、P_{r2} 的一阶条件，可得

$$P^{DS}(W) = \frac{a+bW}{2b} \tag{3.9}$$

$$P_{r1}^{DS}(f) = \frac{\lambda\big(k-h[s-\gamma(C_r+f+s+W)]\big) + 2h\big(k-h[s-\gamma(C_r+f+s-W)]\big)}{\lambda^2 - 4h^2} \tag{3.10}$$

$$P_{r2}^{DS}(f) = \frac{\lambda(k - h[s - \gamma(C_r + f + s - W)]) + 2h(k - h[s - \gamma(C_r + f + s - W)])}{\lambda^2 - 4h^2}$$

（3.11）

然后，分别将式（3.9）、式（3.10）、式（3.11）代入式（3.1）并分别对 W 和 f 求一阶条件，联立方程组求解可得

$$W^{DS*} = \frac{(2h+\lambda)\left[a(4h^2 - \lambda^2) + bC_m(4h^2 - \lambda^2) + 2\gamma h\lambda(-k - (h-\lambda)[C_m\gamma + s - \gamma(C_r + s)])\right]}{2\gamma^2 h\lambda^2(\lambda - h) + 2b(2h - \lambda)(2h + \lambda)^2}$$

（3.12）

$$f^{DS*} = -\{a\gamma(h-\lambda)(4h^2 - \lambda^2) - b(4h^2 - \lambda^2)[-4hk + C_m\gamma h\lambda - 2k\lambda - C_m\gamma\lambda^2 \\
+ 2C_r\gamma(h-\lambda)(2h+\lambda) + 2(\gamma-1)(h-\lambda)(2h+\lambda)s] + 2\gamma^2 h\lambda(\lambda-h) \\
[4C_m\gamma h(h-\lambda) - 2(2h+\lambda)(-k + (h-\lambda)[\gamma C_{r1} + (\gamma-1)s])]\} \\
/\left[4\gamma(h-\lambda)(\gamma^2 h(h-\lambda)\lambda^2 - b(2h-\lambda)(2h+\lambda)^2)\right]$$

（3.13）

然后，将 W^{DS*} 和 f^{DS*} 反代入式（3.9）、式（3.10）、式（3.11）可得

$$P^{DS*} = \frac{a}{2b} + \frac{(2h+\lambda)\left[a(4h^2 - \lambda^2) + bC_m(4h^2 - \lambda^2) + \gamma h\lambda(-2k - (h-\lambda)[2C_m\gamma + 2s - 2\gamma(C_r + s)])\right]}{2\left[2\gamma^2 h\lambda^2(-h + \lambda) + 2b(2h - \lambda)(2h + \lambda)^2\right]}$$

（3.14）

$$P_{r1}^{DS*} = \{b(4h^2 - \lambda^2)(C_m\gamma h(4h^2 - 5h\lambda + \lambda^2) - 2(2h+\lambda)[k(3h - 2\lambda) + C_r\gamma h(h-\lambda) \\
+ hs(\gamma-1)(h-\lambda)]) + \gamma h\lambda(h-\lambda)(3a(\lambda^2 - 4h^2) - 4\gamma\lambda[C_r\gamma h(h-\lambda) + k(\lambda - 3h) \\
+ C_m\gamma h(\lambda - h) + hs(\gamma-1)(h-\lambda)])\} / \{4(2h^2 - 3h\lambda + \lambda^2)[\gamma^2 h\lambda^2(\lambda - h) \\
+ b(2h - \lambda)(2h + \lambda)^2]\}$$

（3.15）

$$P_{r2}^{DS*} = [b(4h^2 - \lambda^2)(C_m\gamma h(h-\lambda)(4h + 3\lambda) - 2(2h+\lambda)[k(3h - 2\lambda) + C_r\gamma h(h-\lambda) \\
+ hs(\gamma-1)(h-\lambda)]) + \gamma h\lambda(h-\lambda)(a(4h^2 - \lambda^2) - 4\gamma\lambda(h-\lambda)\{-k + h[C_m\gamma + s \\
- \gamma(C_r + s)]\})] / \left[4(2h^2 - 3h\lambda + \lambda^2)(\gamma^2 h\lambda^2(\lambda - h) + b(2h - \lambda)(2h + \lambda)^2)\right]$$

（3.16）

由以上分析可得以下结果。

命题 3.2 分散决策情形下闭环供应链系统的最优策略集为 $(W^{DS*}, f^{DS*}, P^{DS*}, P_{r1}^{DS*}, P_{r2}^{DS*})$。

结论 3.9 分散决策情形下，若 $0<b<\dfrac{\gamma^2 h(h-\lambda)\lambda^2}{(2h-\lambda)(2h+\lambda)^2}$，则产品的最优销售价格 $P^{\mathrm{DS}*}$ 关于消费者的社会环保意识 k 单调递增；若 $b>\dfrac{\gamma^2 h(h-\lambda)\lambda^2}{(2h-\lambda)(2h+\lambda)^2}$，则产品的最优销售价格 $P^{\mathrm{DS}*}$ 关于消费者的社会环保意识 k 单调递减。

证明：$\dfrac{\partial P^{\mathrm{DS}*}}{\partial k}=\dfrac{\gamma h\lambda(2h+\lambda)}{\gamma^2 h(h-\lambda)\lambda^2-b(2h-\lambda)(2h+\lambda)^2}$，由前文的假设可知 $2h-\lambda>0$，因此，如果 $0<b<\dfrac{\gamma^2 h(h-\lambda)\lambda^2}{(2h-\lambda)(2h+\lambda)^2}$，则 $\dfrac{\partial P^{\mathrm{DS}*}}{\partial k}>0$；如果 $b>\dfrac{\gamma^2 h(h-\lambda)\lambda^2}{(2h-\lambda)(2h+\lambda)^2}$，则 $\dfrac{\partial P^{\mathrm{DS}*}}{\partial k}<0$，故结论成立。

结论 3.9 表明，在分散决策情形下，当消费者对产品价格的敏感程度在一定范围之内时，随着消费者社会环保意识的增强，将能够回收更多的废旧产品进行再制造，即能够生产出更多的再制造产品，而消费者对产品的销售价格不是特别敏感，因此提高产品的销售价格将会给零售商带来更多的收益；当消费者对产品价格的敏感程度超过一定范围时，随着消费者社会环保意识的增强，将能够回收更多的废旧产品进行再制造，即能够生产出更多的再制造产品，由于消费者对产品的销售价格特别敏感，降低产品的销售价格将会极大地增加消费者对产品的需求，从而给零售商带来更多的收益。

结论 3.10 分散决策情形下，若 $0<b<\dfrac{\gamma^2 h(h-\lambda)\lambda^2}{(2h-\lambda)(2h+\lambda)^2}$，则产品的最优销售价格 $P^{\mathrm{DS}*}$ 关于不能用于再制造的废旧产品的单位残值 s 单调递增；若 $b>\dfrac{\gamma^2 h(h-\lambda)\lambda^2}{(2h-\lambda)(2h+\lambda)^2}$，则产品的最优销售价格 $P^{\mathrm{DS}*}$ 关于不能用于再制造的废旧产品的单位残值 s 单调递减。

证明：$\dfrac{\partial P^{\mathrm{DS}*}}{\partial s}=\dfrac{(1-\gamma)\gamma h(h-\lambda)\lambda(2h+\lambda)}{\gamma^2 h(h-\lambda)\lambda^2-b(2h-\lambda)(2h+\lambda)^2}$，由前文的假设可知 $(h-\lambda)\lambda(2h+\lambda)>0$，$2h-\lambda>0$，因此，如果 $0<b<\dfrac{\gamma^2 h(h-\lambda)\lambda^2}{(2h-\lambda)(2h+\lambda)^2}$，则 $\dfrac{\partial P^{\mathrm{DS}*}}{\partial s}>0$；如果 $b>\dfrac{\gamma^2 h(h-\lambda)\lambda^2}{(2h-\lambda)(2h+\lambda)^2}$，则 $\dfrac{\partial P^{\mathrm{DS}*}}{\partial s}<0$，故结论成立。

结论 3.10 表明，在分散决策情形下，当消费者对产品价格的敏感程度在一定范围之内时，随着不能用于再制造的废旧产品单位残值的增加，回收更多的废旧产品将能够给两个再制造商带来更多的收益，因此再制造产品的生产数量增加，提高产品的销售价格将会给零售商带来更多的收益；当消费者对产品价格的敏感程度超过一定范围时，随着不能用于再制造的废旧产品单位残值的增加，回收更多的废旧产品将能够给两个再制造商带来更多的收益，因此再制造产品的生产数量增加，由于消费者对产品的销售价格特别敏感，降低产品的销售价格将会极大地增加消费者对产品的需求，从而给零售商带来更多的收益。

3.5 本章小结

本章在专利保护环境下讨论了存在再制造竞争的闭环供应链的定价决策问题，通过集中决策、分散决策两种情形讨论了最优销售价格、回收价格、批发价格、单位专利许可费及供应链利润的一些相关性质，分析了相应的管理启示。研究结果将对原制造商许可两个再制造商进行回收再制造的闭环供应链问题提供一定的理论依据。进一步的研究方向可考虑新产品与再制造产品的质量、销售价格和批发价格存在差异下的闭环供应链的定价与协调问题。

4 零售商价格领导权结构下考虑专利保护的闭环供应链定价策略

4.1 引言

近年来屡屡有空调价格战、洗衣机价格战的传闻，比较有代表性的案例有格力与苏宁、格力与国美的渠道权力争夺等。2010年6月，格力电器安徽经销商同时在5家媒体显要位置刊登声明，宣布终止与苏宁电器安徽区域合作，这其实表明像苏宁这一类的零售商具备价格领导权的实力。类似地，沃尔玛、家乐福、麦德龙等零售商经常处于其所在供应链的主导地位，具有所在供应链的价格领导权。因此，本章在已有文献的基础上，进一步研究零售商具有价格领导权结构下考虑专利保护的闭环供应链定价策略问题。

4.2 模型描述与假设

4.2.1 符号说明

C_m：新产品制造成本。
C_r：再制造产品制造成本，且 $\delta = C_m - C_r$ 为再制造成本节约。
W：产品的批发价格，是原制造商的决策变量。
P：产品的销售价格，是零售商的决策变量。
P_r：废旧产品的回收价格，是再制造商的决策变量。
G：废旧产品的回收量，且 $G = \alpha + \beta P_r$，其中，$\alpha > 0$，$\beta > 0$，α 表示消费者的环保意识；β 表示消费者对废旧产品回收价格的敏感程度。

D：产品的市场需求，且 $D(P)=a-bP$，其中，$a>0$，$b>0$，a 为市场的容量；b 为消费者对销售价格的敏感系数。

f：再制造商付给原制造商的再制造成功后的单位专利许可费用，是原制造商的决策变量。

γ：废旧产品的再制造率，且 $0<\gamma\leqslant 1$。

s：不能用于再制造的废旧产品单位残值，且 $0<s<\delta$，表示再制造成本节约大于废旧产品的残值，这样再制造才有意义。

Π_i：表示节点企业 i 的利润函数，$i\in\{R,M,T\}$，R 表示零售商；M 表示原制造商；T 表示再制造商。$\Pi=\Pi_R+\Pi_M+\Pi_T$ 表示供应链系统总利润。

4.2.2 模型描述与假设

本章主要研究由一个原制造商、一个零售商和一个再制造商构成的闭环供应链，原制造商生产新产品，再制造商以一定的回收价格从消费者手中回收废旧产品，一部分可以进行再制造然后销售，另一部分以残值处理，零售商同时销售原制造商生产的新产品和再制造商生产的再制造产品，并且受专利保护的原制造商采用专利许可的方式授权再制造商进行再制造活动，再制造商需要向原制造商交纳单位专利许可费。具体决策结构如图 4.1 所示。

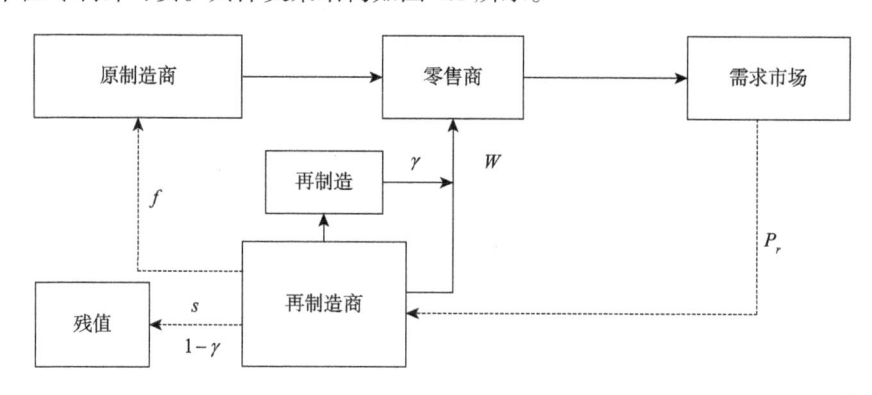

图 4.1 考虑专利保护的闭环供应链决策结构

本章还有以下假设：新产品与再制造产品没有质量差别，并以相同的价格销售，且所有的再制造产品均能销售出去；零售商具有渠道价格领导权，原制造商根据零售商的决策来制定决策，再制造商根据原制造商的决策来制定决策；零售商、原制造商和再制造商均以利润最大化为决策目标。

根据以上描述和假设，可得零售商、原制造商、再制造商和供应链系统总利润分别为

$$\Pi_R = (P-W)D(P) = (P-W)(a-bP) \tag{4.1}$$

$$\Pi_M = (W-C_m)[D(P) - \gamma G(P_r)] + f\gamma G(P_r)$$
$$= (W-C_m)[a-bP - \gamma(\alpha+\beta P_r)] + \gamma f(\alpha+\beta P_r) \tag{4.2}$$

$$\Pi_T = (W-C_m+\delta)\gamma G(P_r) - (\gamma f + P_r)G(P_r) + (1-\gamma)sG(P_r)$$
$$= (W-C_m+\delta)\gamma(\alpha+\beta P_r) + [(1-\gamma)s - \gamma f - P_r](\alpha+\beta P_r) \tag{4.3}$$

$$\Pi = (P-C_m)(a-bP) + [\delta\gamma + s(1-\gamma) - P_r](\alpha+\beta P_r) \tag{4.4}$$

4.3 零售商价格领导权结构下的定价决策

在零售商价格领导权结构下，零售商为闭环供应链的领导者，原制造商为零售商的跟随者，再制造商为原制造商的跟随者。决策顺序如下：①零售商先确定产品的最优销售价格 P 来最大化自己的利润，原制造商根据给定的销售价格来确定产品的最优批发价格 W；②原制造商确定最优单位专利许可费 f 来最大化自己的利润，再制造商根据给定的单位专利许可费来确定废旧产品的最优回收价格 P_r。

我们采用逆向推导法，首先，分析第②部分决策结构，先求式（4.3）关于 P_r 的一阶条件，可得

$$P_r = \frac{\beta[(1-\gamma)s - \gamma f] + \beta\gamma(W-C_m+\delta) - \alpha}{2\beta} \tag{4.5}$$

将式（4.5）代入式（4.2）并求 Π_M 关于 f 的一阶条件，可得

$$f = \frac{W-C_m}{\beta+1} + \frac{1}{\gamma(\beta+1)}[\alpha+\beta s(1-\gamma) + \beta\gamma(W-C_m+\delta)] \tag{4.6}$$

其次，分析第①部分决策结构，参照易余胤（2009）的做法，假设零售商的单位利润为 m，即 $P-W=m$，故 $P=W+m$，将 $P=W+m$ 代入式（4.2）并求 Π_M 关于 W 的一阶条件，可得

$$W = \frac{a - bp + bC_m - \gamma(\alpha+\beta P_r)}{b} \tag{4.7}$$

将式（4.7）代入式（4.1）并求 Π_R 关于 P 的一阶条件，可得

$$P = \frac{3a + bC_m - \gamma(\alpha+\beta P_r)}{4b} \tag{4.8}$$

联立式（4.5）、式（4.6）、式（4.7）、式（4.8）并求解，可得

$$W^* = \frac{4a - 3\{\alpha - 4bC_m + \gamma C_m + \beta[s - (C_m + s - \delta)\gamma]\}}{16b + 3\gamma(\beta-1)} \tag{4.9}$$

$$f^* = \frac{8b\alpha + 8bs\beta - 3\alpha\gamma + \gamma[2(1+\beta)(a-bC_m) + 8b\beta\delta - s\beta(3+8b)] + 3\beta\gamma^2(s-\delta)}{\beta\gamma[16b + 3\gamma(\beta-1)]} \quad (4.10)$$

$$P^* = \frac{a[48b - \gamma(\beta-1)(\gamma-9)] + b[16bC_m + \gamma(-4\alpha + C_m(\beta-1)(3+\gamma) + 4\beta[s(\gamma-1) - \delta\gamma])]}{4b[16b + 3\gamma(\beta-1)]} \quad (4.11)$$

$$P_r^* = \frac{a\gamma(\beta-1) + 3\alpha(\gamma - 4b - \beta\gamma) + b[4s\beta + \gamma C_m - \beta\gamma(C_m + 4s - 4\delta)]}{16b\beta + 3\beta\gamma(\beta-1)} \quad (4.12)$$

命题 4.1 零售商价格领导权结构下零售商、原制造商、再制造商的最优策略集为 $(P^*, (W^*, f^*), P_r^*)$。

性质 4.1 如果 $\gamma \leq \frac{8}{3}b$ 或 $\gamma > \frac{16}{3}b + \beta$，原制造商的最优单位专利许可费 f^* 关于再制造成本节约 δ 单调递增；如果 $\frac{8}{3}b \leq \gamma \leq \frac{16}{3}b$，原制造商的最优单位专利许可费 f^* 关于再制造成本节约 δ 单调递减。

证明：$\frac{\partial f^*}{\partial \delta} = \frac{8b - 3\gamma}{16b + 3\gamma(\beta-1)}$，如果 $\gamma \leq \frac{8}{3}b$，则有 $8b - 3\gamma \geq 0$，$16b + 3\gamma(\beta-1) = 8b - 3\gamma + 3\gamma\beta + 8b > 8b - 3\gamma \geq 0$，因此 $\frac{\partial f^*}{\partial \delta} \geq 0$，$f^*$ 关于 δ 单调递增；如果 $\gamma > \frac{16}{3}b + \beta$，则有 $8b - 3\gamma < 16b + 3\gamma(\beta-1) = 16b - 3\gamma + 3\gamma\beta < 16b - 3\gamma + 3\beta < 0$，因此 $\frac{\partial f^*}{\partial \delta} > 0$，$f^*$ 关于 δ 单调递增；如果 $\frac{8}{3}b \leq \gamma \leq \frac{16}{3}b$，则有 $8b - 3\gamma \leq 0$，且 $16b + 3\gamma(\beta-1) = 16b - 3\gamma + 3\gamma\beta > 16b - 3\gamma \geq 0$，因此 $\frac{\partial f^*}{\partial \delta} \leq 0$，$f^*$ 关于 δ 单调递减。

性质 4.1 表明，当废旧产品的再制造率 γ 很低时，随着再制造成本节约 δ 的增加，再制造商的利润逐步增加，原制造商没有动力通过降低最优单位专利许可费 f^* 来激励再制造商提高回收价格从而增加废旧产品的回收量，因此，原制造商将可能通过提高单位专利许可费的方式来分享再制造商的成本节约；反之，随着再制造成本节约的减少，再制造商的利润进一步减少，原制造商将通过降低最优单位专利许可费 f^* 来激励再制造商提高废旧产品的回收价格，从而回收更多的废旧产品用于再制造，以此增加原制造商的专利许可收益。

当废旧产品的再制造率 γ 很高时，随着再制造成本节约的增加，再制造商的利润进一步增加，原制造商将通过提高最优单位专利许可费 f^* 来分享再制造商的成本节约；反之，随着再制造成本节约的减少，再制造商的利润减少，原制造商将通过降低最优单位专利许可费 f^* 来激励再制造商提高废旧产品的回收价格，从而回收更多的废旧产品用于再制造，以此增加原制造商的专利许可收益。

当废旧产品的再制造率 γ 处于某个区间范围，即相对稳定时，随着再制造成本节约 δ 的增加，再制造商的利润逐步增加，原制造商将通过降低最优单位专利许可费 f^* 来激励再制造商提高废旧产品的回收价格，从而回收更多的废旧产品用于再制造，以此增加原制造商的专利许可收益；反之，随着再制造成本节约 δ 的减少，再制造水平降低，再制造商没有动力通过提高回收价格来提高废旧产品的回收量，因此，原制造商将通过提高最优单位专利许可费 f^* 来分享再制造商的成本节约。

性质 4.2　如果 $\gamma < \dfrac{16}{3}b$，则废旧产品的最优回收价格 P_r^* 关于再制造成本节约 δ 单调递增；如果 $\gamma > \dfrac{16}{3}b + \beta$，则废旧产品的最优回收价格 P_r^* 关于再制造成本节约 δ 单调递减。

证明：$\dfrac{\partial P_r^*}{\partial \delta} = \dfrac{4b\gamma}{16b + 3\gamma(\beta - 1)}$，如果 $\gamma < \dfrac{16}{3}b$，则有 $16b + 3\gamma(\beta - 1) > 16b - 3\gamma > 0$，因此 $\dfrac{\partial P_r^*}{\partial \delta} > 0$，故 P_r^* 关于 δ 单调递增；如果 $\gamma > \dfrac{16}{3}b + \beta$，则有 $16b + 3\gamma(\beta - 1) < 16b - 3\gamma + 3\beta < 0$，因此 $\dfrac{\partial P_r^*}{\partial \delta} < 0$，故 P_r^* 关于 δ 单调递减。

性质 4.2 表明，当废旧产品的再制造率不是很高时，随着再制造成本节约 δ 的增加，再制造商的利润逐步增大，再制造商有动力通过提高废旧产品的最优回收价格 P_r^* 来提高废旧产品的回收量，从而节约更多的再制造成本；反之，随着再制造成本节约的减少，再制造商的利润减少，再制造商将通过降低废旧产品的最优回收价格 P_r^* 节约回收成本。

当废旧产品的再制造率很高时，随着再制造成本节约的增加，再制造商的利润增加，再制造商降低废旧产品的最优回收价格 P_r^* 也不会对再制造产品的生产数量造成影响，但可以节约回收成本；反之，随着再制造成本节约的减少，再制造商将通过提高废旧产品的最优回收价格 P_r^* 来增加废旧产品的回收量，从而使总的成本节约增加。

性质 4.3　如果 $\gamma < \dfrac{16}{3}b$，则产品的最优销售价格 P^* 关于再制造成本节约 δ 单

调递减；如果 $\gamma > \frac{16}{3}b + \beta$，则产品的最优销售价格 P^* 关于再制造成本节约 δ 单调递增。

证明：$\frac{\partial P^*}{\partial \delta} = -\frac{\beta \gamma^2}{16b + 3\gamma(\beta - 1)}$，如果 $\gamma < \frac{16}{3}b$，则有 $16b + 3\gamma(\beta - 1) > 16b - 3\gamma > 0$，因此 $\frac{\partial P^*}{\partial \delta} < 0$，故 P^* 关于 δ 单调递减；如果 $\gamma > \frac{16}{3}b + \beta$，则有 $16b + 3\gamma(\beta - 1) < 16b - 3\gamma + 3\beta < 0$，因此 $\frac{\partial P^*}{\partial \delta} > 0$，故 P^* 关于 δ 单调递增。

性质 4.3 表明，当废旧产品的再制造率不是很高时，随着再制造成本节约的增加，由性质 4.2 可知，废旧产品的回收量增加，从而导致再制造产品的生产数量增加，零售商将通过降低产品的最优销售价格 P^* 来增加产品的需求；反之，随着再制造成本节约的减少，再制造产品的生产数量减少，零售商将通过提高产品的最优销售价格 P^* 来增加自身的利润。

当废旧产品的再制造率很高时，随着再制造成本节约的增加，由性质 4.2 可知，再制造产品的生产数量减少，零售商将通过提高产品的最优销售价格 P^* 来增加自身的利润；反之，随着再制造成本节约的减少，再制造产品的生产数量增加，零售商将通过降低产品的最优销售价格 P^* 来增加产品的需求。

性质 4.4 如果 $\gamma < \frac{16}{3}b$，则产品的最优批发价格 W^* 关于再制造成本节约 δ 单调递减；如果 $\gamma > \frac{16}{3}b + \beta$，则产品的最优批发价格 W^* 关于再制造成本节约 δ 单调递增。

证明：$\frac{\partial W^*}{\partial \delta} = -\frac{3\beta \gamma}{16b + 3\gamma(\beta - 1)}$，如果 $\gamma < \frac{16}{3}b$，则有 $16b + 3\gamma(\beta - 1) > 16b - 3\gamma > 0$，因此 $\frac{\partial W^*}{\partial \delta} < 0$，故 W^* 关于 δ 单调递减；如果 $\gamma > \frac{16}{3}b + \beta$，则有 $16b + 3\gamma(\beta - 1) < 16b - 3\gamma + 3\beta < 0$，因此 $\frac{\partial W^*}{\partial \delta} > 0$，故 W^* 关于 δ 单调递增。

性质 4.4 表明，当废旧产品的再制造率不是很高时，随着再制造成本节约的增加，由性质 4.3 可知，产品的销售价格降低，因此，原制造商将通过降低产品的最优批发价格 W^* 激励零售商进一步降低销售价格从而增加产品的需求；反之，随着再制造成本节约的减少，产品的销售价格提高，因此，原制造商将通过提高产品的最优批发价格 W^* 来分享零售商的利润增长。

当废旧产品的再制造率很高时，随着再制造成本节约的增加，由性质 4.3 可知，产品的销售价格提高，因此，原制造商将通过提高产品的最优批发价格 W^* 来分享零售商的利润增长；反之，随着再制造成本节约的减少，产品的销售价格降低，因此，原制造商将通过降低产品的最优批发价格 W^* 激励零售商进一步降低销售价格从而增加产品的需求。

性质 4.5 如果 $\beta > 1$，或 $0 < \beta \leqslant 1$ 且 $\gamma < \dfrac{16\beta}{3(1-\beta)}$，则产品的最优回收价格 P_r^* 关于不能用于再制造的废旧产品单位残值 s 单调递增；如果 $0 < \beta \leqslant 1$ 且 $\gamma > \dfrac{16\beta}{3(1-\beta)}$，则产品的最优回收价格 P_r^* 关于不能用于再制造的废旧产品单位残值 s 单调递减。

证明：$\dfrac{\partial P_r^*}{\partial s} = \dfrac{4b(1-\gamma)}{16b + 3\gamma(\beta-1)}$，$0 < \gamma \leqslant 1$，如果 $\beta > 1$ 或 $0 < \beta \leqslant 1$ 且 $\gamma < \dfrac{16\beta}{3(1-\beta)}$，则有 $\dfrac{\partial P_r^*}{\partial s} \geqslant 0$，因此，$P_r^*$ 关于 s 单调递增；如果 $0 < \beta \leqslant 1$ 且 $\gamma > \dfrac{16\beta}{3(1-\beta)}$，则有 $\dfrac{\partial P_r^*}{\partial s} \leqslant 0$，因此，$P_r^*$ 关于 δ 单调递减。

性质 4.5 表明，当消费者对废旧产品回收价格的敏感程度较大时，随着不能用于再制造的废旧产品单位残值的增加，无论废旧产品的再制造率是否增加，提高废旧产品的最优回收价格 P_r^* 可以增加废旧产品的回收量和不能用于再制造的废旧产品的残值，从而增加再制造商的利润。

当消费者对废旧产品回收价格的敏感程度较小时：如果废旧产品的再制造率较小，随着不能用于再制造的废旧产品单位残值的增加，只有提高最优回收价格才能增加废旧产品的回收量，从而增加再制造商的利润；如果废旧产品的再制造率较大，随着不能用于再制造的废旧产品单位残值的增加，降低最优回收价格不会对废旧产品的回收量造成太大影响，却节约了回收成本，从而增加了再制造商的利润。

4.4 数值算例分析

为了进一步验证上述结论，我们进行了算例分析，参数取值如下：$C_m = 100$，$\alpha = 1\,000$，$\beta = 100$，$a = 60\,000$，$b = 30$，$s = 5$，$\gamma = 0.8$（β 小于一定值时，将导致 P_r^* 变为负值，故舍去负值情形），我们分析再制造成本节约 δ 对最优单位专利许可费 f^*、废旧产品的最优回收价格 P_r^*、产品的最优销售价格 P^*、产品的最优批发价格 W^*、零售商利润 Π_R^*、原制造商利润 Π_M^*、再制造商利润 Π_T^* 和供

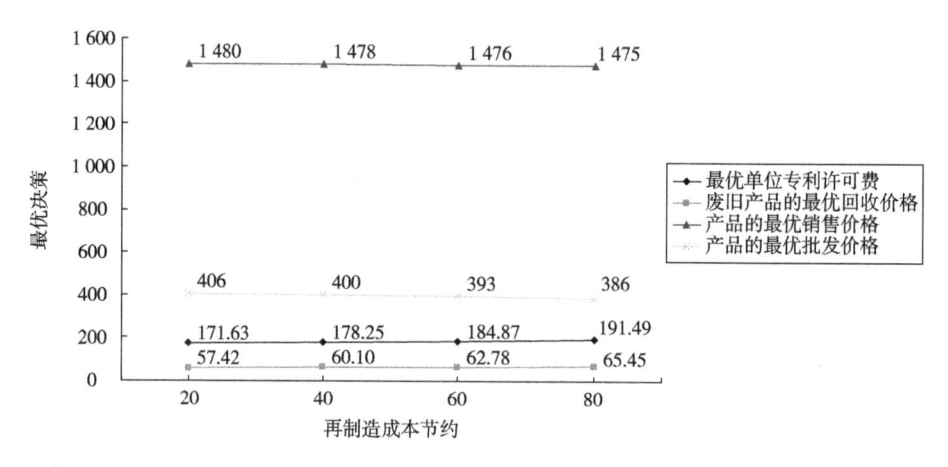

应链系统总利润 Π^* 的影响，具体如图 4.2 和图 4.3 所示。

图 4.2　再制造成本节约对最优决策的影响

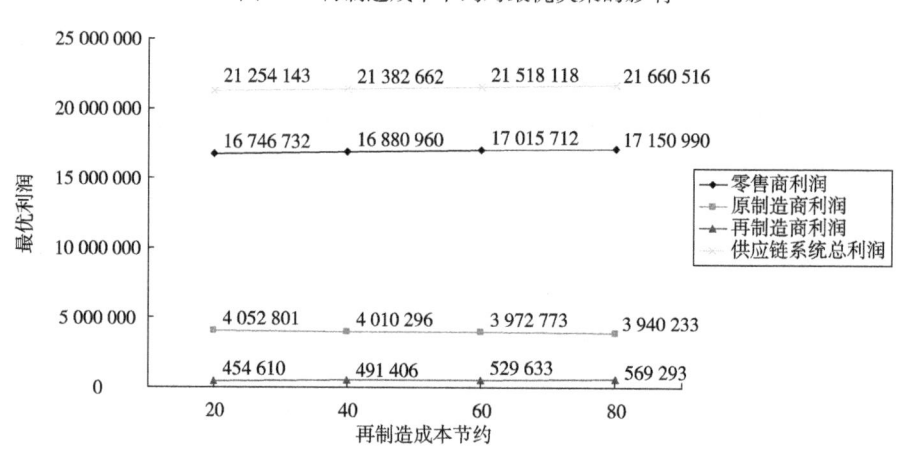

图 4.3　再制造成本节约对最优利润的影响

从图 4.2 可以看出，随着再制造成本节约的增加，最优单位专利许可费逐步增加，这与性质 4.1 中第一种情形相符合；废旧产品的最优回收价格逐步增加，这与性质 4.2 中的第一种情形相符合；产品的最优销售价格逐步下降，这与性质 4.3 中的第一种情形相符合；产品的最优批发价格逐步下降。

产品的最优销售价格下降导致需求增加，以及产品的最优批发价格下降，使得零售商利润逐步增加；废旧产品的最优回收价格升高使得废旧产品的回收量增加，从而导致再制造产品的销售数量增加，而且再制造成本逐步降低，使得再制造商的利润逐步增加；再制造产品销售数量的增加导致新产品销售数量的减少，从而使得原制造商的利润逐步减少，这与熊中楷等（2011）的原制造商价格领导权结构下的结论正好相反,这是由于在零售商价格领导权结构下,原制造商失去了渠道控制权,零售商先决定单位销售利润,然后原制造商才决定批发价格造成的;再制造成本节约和产品的总需求逐步增加,使得供应链系统总利润逐步增加。

4.5 本章小结

本章针对零售商具有价格领导权的渠道结构,在考虑专利许可的前提下对闭环供应链的定价决策进行分析,采用博弈分析方法探讨了零售商领导原制造商、原制造商领导再制造商的闭环供应链定价策略,得到了产品的销售价格、批发价格、单位专利许可费及废旧产品的回收价格的最优策略,并探讨了产品的最优销售价格、批发价格、单位专利许可费及废旧产品的最优回收价格随再制造成本节约的变化规律。研究表明,产品的最优销售价格和最优批发价格关于再制造成本节约单调递减,最优单位专利许可费和废旧产品的最优回收价格关于再制造成本节约单调递增,零售商利润、再制造商利润和供应链系统总利润均关于再制造成本节约单调递增,而原制造商利润关于再制造成本节约单调递减。然而,本章考虑的是新产品与再制造产品销售价格相同且只有一个再制造商的情形,未来的研究中我们可以考虑新产品和再制造产品销售价格不同及多个再制造商的情形。

5 专利保护下零售商负责回收再制造的闭环供应链定价策略

5.1 引　　言

出于激励创新的考虑，同时也为了保障专利持有者的利益，世界各国越来越重视专利持有人的知识产权保护，专利许可已成为企业获取经济利益的重要手段。以往的研究只集中在新产品与新技术的许可上，忽略了第三方进入再制造业所存在的专利许可及知识产权保护问题。基于此，本章研究专利保护下零售商负责回收再制造的闭环供应链，探讨原制造商和零售商的定价和回收策略，以谋求自身利益的最大化，并使得废旧产品得到最大程度的利用。

5.2 模型假设

本章讨论由单一原制造商和单一零售商构成的闭环供应链，原制造商为主导者，零售商为跟随者，原制造商生产的产品受专利保护。原制造商负责产品回收再制造会造成运输成本较高的问题，为了激励零售商的销售积极性，原制造商授权零售商回收再制造废旧产品，并提供技术支持，原制造商从中收取专利许可费。假设再制造产品与新产品无质量差别，零售价格相同，市场需求量 D 是最优零售价格 P 的函数：$D(P)=a-bP$，其中，a、b 为常数，且 a 表示市场容量，b 表示消费者对价格的敏感系数；废旧产品的回收量 G 是最优回收价格 r 的函数：$G(r)=\alpha+\beta r$，其中，α、β 表示常数，且 $\alpha、\beta>0$；f 为原制造商收取的最优单位专利许可费。模型分为两个周期：在第一周期内，原制造商只生产新产品，生产成本为 C_{1n}，并以最优批发价格 w_1 销售给零售商，零售商销售新产品，最优

销售价格为 P_1；在第二周期内，原制造商仍只生产新产品，生产成本为 C_{2n}，并以最优批发价格 w_2 销售给零售商，零售商在销售新产品的同时也从事废旧产品的回收再制造和销售工作。零售商以 $G(r)$ 回收第一周期内的废旧产品，以成本 C_{2r} 生产再制造产品，并同时将新产品和再制造产品以相同的价格 P_2 销售给消费者。记 $s = C_{2n} - C_{2r}$ 为传统的节约成本，$s > 0$。

5.3 基本模型

本章采用 Stackelberg 博弈模型求解该模式下的原制造商与零售商的最优决策，原制造商作为主导者，零售商作为跟随者。原制造商先决定新产品的最优批发价格 w_1、w_2 和最优单位专利许可费 f，零售商再根据原制造商的决策来确定自身的最优零售价格 P_1、P_2 和最优回收价格 r。

第一周期内，原制造商只生产新产品，因此在第一周期内，原制造商最大化其利润函数为

$$\max \Pi_M^1 = (W_1 - C_{1n})(a - bP_1) \tag{5.1}$$

零售商最大化其利润函数为

$$\max \Pi_R^1 = (P_1 - W_1)(a - bP_1) \tag{5.2}$$

命题 5.1 第一周期内，原制造商的最优批发价格为 $W_1^* = \dfrac{a + bC_{1n}}{2b}$，零售商的最优零售价格为 $P_1^* = \dfrac{3a + bC_{1n}}{4b}$。

证明：由一阶最优性条件 $\dfrac{d\Pi_R^1}{dP_1} = 0$，得零售商的反应函数为

$$P_1 = \frac{a + bW_1}{2b} \tag{5.3}$$

将式（5.3）代入式（5.1），由其一阶条件可得原制造商的最优批发价格为

$$W_1^* = \frac{a + bC_{1n}}{2b} \tag{5.4}$$

将式（5.4）代入式（5.3）可得零售商的最优零售价格为 $P_1^* = \dfrac{3a + bC_{1n}}{4b}$。

进一步可得，第一周期内，产品的最优销售量 $q_1^* = a - bP_1^* = \dfrac{a - bc_{1n}}{4}$，原制造商和零售商的最优利润分别为

$$\Pi_M^{1*} = \frac{(a-bc_{1n})^2}{8b}, \quad \Pi_R^{1*} = \frac{(a-bc_{1n})^2}{16b}$$

此时，供应链系统总利润为

$$\Pi^1 = \Pi_M^{1*} + \Pi_R^{1*} = \frac{3(a-bc_{1n})^2}{16b}$$

第二周期内，零售商回收第一周期的废旧产品并从事再制造和销售工作，因此在第二周期，原制造商最大化其利润函数为

$$\begin{aligned}\max \Pi_M^2(W_2, f) &= (W_2 - C_{2n})[D(P_2) - G(r)] + fG(r)\\ &= (W_2 - C_{2n})(a - bP_2 - \alpha - \beta r) + f(\alpha + \beta r)\end{aligned} \quad (5.5)$$

零售商最大化其利润函数为

$$\begin{aligned}\max \Pi_R^2(P_2, r) &= (P_2 - W_2)[D(P_2) - G(r)] + (P_2 - r - f - C_{2r})G(r)\\ &= (P_2 - W_2)(a - bP_2 - \alpha - \beta r) + (P_2 - r - f - C_{2r})(\alpha + \beta r)\end{aligned} \quad (5.6)$$

命题 5.2 第二周期内，零售商的最优零售价格和最优回收价格分别为

$$P_2^* = \frac{3a + bC_{2n}}{4b}, \quad r^* = \frac{\beta s - 3\alpha}{4\beta}$$

原制造商的最优批发价格和最优专利许可费分别为

$$w_2^* = \frac{a + bC_{2n}}{2b}, \quad f^* = \frac{\alpha b + \beta a - b\beta C_{2r}}{2\beta b}$$

证明：由一阶最优性条件 $\frac{\partial \Pi_R^2}{\partial P_2} = 0$ 且 $\frac{\partial \Pi_R^2}{\partial r} = 0$，可得零售商的反应函数为

$$P_2 = \frac{a + W_2 b}{2b}, \quad r = \frac{(W_2 - f - C_{2r})\beta - \alpha}{2\beta} \quad (5.7)$$

将式（5.7）代入式（5.5），由其一阶最优性条件 $\frac{\partial \Pi_M^2}{\partial W_2} = 0$ 且 $\frac{\partial \Pi_M^2}{\partial f} = 0$ 可得原制造商的最优批发价格和最优专利许可费分别为

$$W_2^* = \frac{a + bC_{2n}}{2b}, \quad f^* = \frac{\alpha b + \beta a - b\beta C_{2r}}{2\beta b} \quad (5.8)$$

将式（5.8）代入式（5.7）得零售商的最优零售价格和最优回收价格分别为

$$P_2^* = \frac{3a + bC_{2n}}{4b}, \quad r^* = \frac{\beta S - 3\alpha}{4\beta}$$

进一步可得，第二周期内，产品的最优销售量 $q_2^* = a - bP_2^* = \frac{a - bC_{2n}}{4}$，原制造商和零售商的最优利润分别为

$$\Pi_M^{2*} = \frac{(a - bC_{2n})^2}{8b} + \frac{(\alpha + \beta S)^2}{8\beta}, \quad \Pi_R^{2*} = \frac{(a - bC_{2n})^2}{16b} + \frac{(\alpha + \beta S)^2}{16\beta}$$

此时，供应链系统总利润为

$$\Pi^2 = \Pi_R^{2*} + \Pi_M^{2*} = \frac{3(a-bC_{2n})^2}{16b} + \frac{3(\alpha+\beta S)^2}{16\beta}$$

对上述均衡结果进行分析，可得以下结论。

命题 5.3 产品的最优销售价格和最优批发价格只与新产品的生产成本呈正相关关系，废旧产品的最优回收价格与供应链系统的成本节约呈正相关关系。供应链、零售商、原制造商三者的利润与供应链系统的成本节约呈正相关关系，与新产品的生产成本呈负相关关系。

命题 5.3 表明，企业要想获得更多的利润，就要提高供应链系统的成本节约，降低新产品的生产成本，将会迫使零售商更加努力地降低废旧产品的生产成本，降低新产品的生产成本，导致产品的销售价格下降，有利于刺激消费者的消费和零售商的回收动力，回收产量的增加进一步为企业树立支持环保的良好形象，并能节省原材料从中获取更多利润。

命题 5.4 零售商的回收再制造使得原制造商与零售商以 2：1 的比例分配销售收益。

命题 5.4 表明，与传统的第三方再制造商相比，零售商从事回收再制造将第三方获得的利润直接转到自身名下，但不影响原制造商的利润。因此，相比第三方从事回收再制造，零售商更有回收的动力和销售产品的积极性，从而更能实现供应链和企业各自利润的最大化。

5.4 本章小结

本章研究了产品受专利保护的情形下，零售商负责回收再制造的闭环供应链定价策略问题。研究表明，当新产品与再制造产品无质量差别并以相同的价格销售时，零售商和原制造商会共同努力来实现成本节约的最大化，以谋求最大化的利润。他们的共同努力，将会促使废旧产品得到最大程度的利用，有利于原材料的节省和环境的保护。本章假设的新产品与再制造产品销售价格相同的条件较强，下一步需要放松此假设条件使之更符合实际，此外还可以讨论零售商为主导者，原制造商为跟随者的情况。

6 专利保护下考虑政府补贴的两级再制造供应链生产与定价策略

6.1 引言

现实生活中有许多供应商和再制造商同时参与零部件再制造的例子，如废旧空调的核心零部件压缩机、冷凝器等须交由供应商进行再制造，而其他零部件毛细管、单向阀等则可由再制造商直接进行再制造。另外，为了促进再制造产业的发展，政府经常出台一些再制造补贴政策，如对回缴废旧产品的消费者给予额外补贴，可以吸引价格敏感的消费者，增加废旧产品的回收规模；或对回收商和再制造商进行补贴，为从事该行业的企业注入活力，提高其回收和再制造的积极性，从而增加消费者剩余，提高社会福利。

因此，本章研究专利保护下供应商和再制造商同时参与零部件再制造的两级再制造决策问题，其中再制造商对零部件的再制造需获得供应商的专利许可，在考虑政府对再制造行为实行三种不同的补贴政策下，通过博弈模型求解并分析供应链的均衡决策和利润，并试图回答以下问题：①不同政府补贴政策下专利许可对供应链的均衡决策有什么影响？②不同政府补贴政策下政府单位补贴对供应链的均衡决策和利润有何影响？③三种政府补贴政策下新产品和再制造产品的产量竞争结果和均衡利润分配如何？

6.2 模型描述与假设

6.2.1 符号说明

m_i：供应商制造零部件 i 的单位材料成本（$i=1,2$）。

C_{si}：供应商制造零部件 i 的单位制造成本（$i=1,2$）。

N：政府不提供补贴的情形。

VS：政府给供应商提供补贴的情形。

VR：政府给再制造商提供补贴的情形。

v：政府提供给供应商或再制造商的单位再制造产品的补贴。

W_{ij}：政府选择策略 j 时，供应商供应给装配商的零部件 i 的批发价格，是供应商的决策变量（$i=1,2$，$j \in \{N, VS, VR\}$）。

A_i：装配商和再制造商的单位装配成本（$i=m,r$）。

q_{kj}：政府选择策略 j 时，新产品和再制造产品的产量（$k=m,r$），分别是装配商和再制造商的决策变量，$j \in \{N, VS, VR\}$。

γ：供应商供应给再制造商零部件 2 的批发价格折扣率，且 $0 < \gamma < 1$。

f：再制造商向供应商交纳的单位专利许可费；

C_{r1}：再制造商对零部件 1 的单位再制造成本，其中 $C_{r1} < C_{s1}$。

P_j：政府选择策略 j 时，装配商和再制造商销售产品的零售价格，$j \in \{N, VS, VR\}$。

P_{rj}：政府选择策略 j 时，再制造商从消费市场回收废旧产品的回收价格，是再制造商的决策变量，$j \in \{N, VS, VR\}$。

Q_j：政府选择策略 j 时产品的市场需求，为零售价格 P_j 的线性减函数，参考熊中楷等（2011），假定令 $Q_j = q_{mj} + q_{rj} = a - bP_j > 0$，$a$、$b$ 为常数，且 $a>0, b>0$，a 表示潜在的市场需求量；价格弹性系数 b 表示消费者对价格的敏感程度，故

$$P_j(Q_j) = \frac{a-Q_j}{b} = \frac{a-q_{mj}-q_{rj}}{b}, \quad j \in \{N, VS, VR\}。$$

G_j：政府选择策略 j 时，再制造商从消费市场回收废旧产品的回收量，为回收价格 P_{rj} 的线性增函数，且 $G_j(P_{rj}) = \varphi + sP_{rj} > 0$。其中，$\varphi, s$ 为常数，且 $\varphi > 0, s > 0$，φ 表示回收价格为零时，消费者自愿交纳的废旧产品数量；s 表示消费者对回收价格的敏感程度，s 越大，表明消费者对回收价格越敏感，并且假

设回收的所有废旧产品都能用于再制造（此假设可以简化计算量，但并不影响本章的基本结论），故 $q_{rj} = G_j(P_{rj}) = \varphi + sP_{rj}$，$j \in \{N, VS, VR\}$。

Π_{hj}：政府选择策略 j 时，供应链中成员 h 的收益，$h \in \{s, m, r, sc\}$，$h = s$ 代表供应商；$h = m$ 代表装配商；$h = r$ 代表再制造商；$h = sc$ 代表供应链，$j \in \{N, VS, VR\}$。

6.2.2 模型描述

我们讨论由一个供应商、一个装配商（具有销售功能）和一个再制造商（具有装配和销售功能）构成的供应链系统，其中供应商通过购买两种原材料，分别生产两种新零部件，再把这两种新零部件批发给装配商，装配商利用这两种新零部件1∶1装配成新产品[1]，然后销售到市场。同时，再制造商按一定的回收价格从消费者手中回收一定数量的废旧产品，这些废旧产品经过拆卸得到两种零部件，其中，零部件1为普通零部件，由再制造商直接进行再制造；同样数量的零部件2为核心零部件，故不能直接进行再制造，由再制造商无偿交付给供应商进行零部件2的再制造，然后由供应商按照 $\gamma W_{2j}(j \in \{N, VS, VR\})$ 的批发价格批发给再制造商[2]，其中，γ 为供应商给再制造商的再制造零部件2的批发价格折扣率，再制造商把两种再制造零部件装配成再制造产品，然后销售到市场。

政府针对再制造活动采取不同的补贴政策，本章分三种情况进行讨论：①政府不提供补贴（模型 N）；②政府给供应商提供补贴（模型 VS）；③政府给再制造商提供补贴（模型 VR）。此外，供应商对两种零部件的生产具有专利权，对再制造商关于零部件1的再制造活动提供技术支持，且再制造商每再制造一件零部件1，需向供应商交纳一定的单位专利许可费。假设新制造的零部件和产品与再制造的零部件和产品没有质量差别，两种零部件产品具有相同的销售价格。例如，富士施乐公司再制造的复印机在质量和性能上与同型号的新复印机一致，售价也一致，装配商和再制造商在销售市场上形成古诺竞争。其中，供应商再制造零部件2可减少单位零部件2的原材料成本投入，再制造商再制造零部件1可减少零部件1的成本投入。

---

[1] 值得说明的是，为了避免模型过于复杂，本章选取两种零部件构成产品，其中零部件1为普通零部件，零部件2为核心零部件，多种零部件的结论与本章结果类似。

[2] 再制造商将零部件2无偿交付给供应商，供应商给再制造商一定的批发价格折扣，从而保证供应商有动力帮助再制造商进行零部件2的再制造。

6.3 模型建立与均衡分析

本节将针对政府不提供补贴（模型 N）、政府给供应商提供补贴（模型 VS）、政府给再制造商提供补贴（模型 VR）三种模式下的新产品与再制造产品的均衡产量、产品的均衡销售价格、废旧产品的最优回收价格，以及供应商、装配商、再制造商和供应链系统的均衡利润进行求解和分析，重点探讨单位专利许可费和政府单位补贴对均衡决策的影响。

6.3.1 政府不提供补贴：模型 N

根据以上描述和假设，可知政府不提供补贴时供应商、装配商、再制造商和供应链系统的优化问题分别为

$$\max \Pi_{sN}(W_{1N}, W_{2N}) = (W_{1N} - C_{s1} - m_1 + W_{2N} - C_{s2} - m_2)q_{mN} + (\gamma W_{2N} + f - C_{s2})q_{rN} \tag{6.1}$$

$$\max \Pi_{mN}(q_{mN}) = \left(\frac{a - q_{mN} - q_{rN}}{b} - A_m - W_{1N} - W_{2N} \right) q_{mN} \tag{6.2}$$

$$\max \Pi_{rN}(q_{rN}) = \left(\frac{a - q_{mN} - q_{rN}}{b} - P_{rN} - A_r - C_{r1} - \gamma W_{2N} - f \right) q_{rN} \tag{6.3}$$

$$\max \Pi_{scN}(q_{mN}, q_{rN}) = \left(\frac{a - q_{mN} - q_{rN}}{b} - A_m - C_{s1} - C_{s2} - m_1 - m_2 \right) q_{mN} + \left(\frac{a - q_{mN} - q_{rN}}{b} - P_{rN} - A_r - C_{r1} - C_{s2} \right) q_{rN} \tag{6.4}$$

模型 N 的决策结构（图 6.1）如下：供应商、装配商和再制造商之间形成 Stackelberg 博弈模型，供应商是领导者，装配商和再制造商是跟随者，供应商先决定两种新零部件的批发价格以最大化自身的利润，然后装配商和再制造商根据两种新零部件的批发价格决定各自产品的产量来最大化自身的利润，其中装配商和再制造商之间形成关于产量的古诺竞争。

由于 $\dfrac{\partial \Pi_{mN}(q_{mN})}{\partial q_{mN}} = \dfrac{\partial \Pi_{rN}(q_{rN})}{\partial q_{rN}} = -\dfrac{2}{b} < 0$，$\Pi_{mN}(q_{mN})$ 和 $\Pi_{rN}(q_{rN})$ 分别为关于 q_{mN} 和 q_{rN} 的凹函数，故分别存在关于 q_{mN} 和 q_{rN} 的最大值。分别求 $\Pi_{mN}(q_{mN})$ 和 $\Pi_{rN}(q_{rN})$ 关于 q_{mN} 和 q_{rN} 的一阶条件，可得

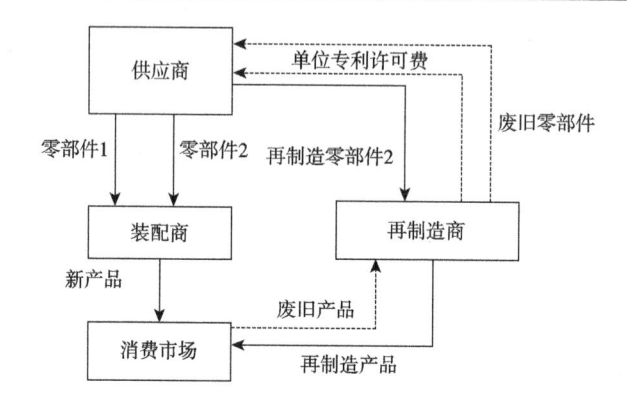

图 6.1 模型 N 的决策结构

$$q_{mN}(W_{1N},W_{2N}) = \frac{a+b(-2A_m+A_r+C_{r1}+f+P_{rN}-2(W_{1N}+W_{2N})+\gamma W_{2N})}{3} \quad (6.5)$$

$$q_{rN}(W_{1N},W_{2N}) = \frac{a+b(A_m-2A_r-2C_{r1}-2f-2P_{rN}+W_{1N}+W_{2N}-2\gamma W_{2N})}{3} \quad (6.6)$$

将式（6.5）和式（6.6）代入式（6.1）可得

$$\Pi_{sN}(W_{1N},W_{2N}) = 1/3 \left\{ (C_{s2}+f+W_{2N}\gamma)\left[a+b\left(A_m-2A_r-2C_{r1}-2f-2P_{rN}+W_{1N}+W_{2N}-2W_{2N}\gamma\right)\right] + (-C_{s1}-C_{s2}-m_1-m_2+W_1+W_2) \right.$$
$$\left. (a+b[-2A_m+A_r+C_{r1}+f+P_{rN}-2(W_{1N}+W_{2N})+W_{2N}\gamma]) \right\}$$

为简化计算，令 $F = C_{s1}+C_{s2}+m_1+m_2$

Π_{sN} 关于 W_{1N} 和 W_{2N} 的海塞矩阵 $\boldsymbol{H} = \begin{bmatrix} \dfrac{-4b}{3} & \dfrac{2b(\gamma-2)}{3} \\ \dfrac{2b(\gamma-2)}{3} & \dfrac{4b(1+\gamma(1-\gamma))}{3} \end{bmatrix}$，由于

$\dfrac{-4b}{3}<0$，$|\boldsymbol{H}|=\dfrac{4b^2\gamma^2}{3}>0$，故 $\boldsymbol{H}$ 负定，Π_{sN} 是关于 W_{1N} 和 W_{2N} 的联合凹函数，存在唯一最优解，分别求 Π_{sN} 关于 W_{1N} 和 W_{2N} 的一阶条件，可得

$$W_{1N} = \frac{a(\gamma-1)+b[A_r+C_{r1}-C_{s2}+2f+P_{rN}+\gamma(F-A_m)]}{2b\gamma} \quad (6.7)$$

$$W_{2N} = \frac{a-b(A_r+C_{r1}-C_{s2}+2f+P_{rN})}{2b\gamma} \quad (6.8)$$

再将式（6.7）、式（6.8）反代入式（6.5）、式（6.6），可得

$$q_{mN} = \frac{a+b(A_r-2A_m+C_{r1}-2F+C_{s2}+P_{rN})}{6} \quad (6.9)$$

$$q_{rN} = \frac{a+b(A_m-2A_r-2C_{r1}+F-2C_{s2}-P_{rN})}{6} \quad (6.10)$$

由于再制造产品的产量等于废旧产品的回收量，故令 $q_{rN} = G_N(P_{rN}) = a - \dfrac{1}{sP_{rN}}$ 可得

$$P_{rN}^* = \frac{[-5a + b(A_m - 2A_r - 2C_{r1} + F - 2C_{r2})]s}{2bs - 6} \quad (6.11)$$

将式（6.11）分别代入式（6.7）~式（6.10），可得

$$W_{1N}^* = \frac{a(\gamma - 1) + b\left[A_r + C_{r1} - C_{s2} + 2f + \dfrac{a + b(A_m - 2A_r - 2C_{r1} + F - 2C_{s2}) - 6\varphi}{2(b+3s)} + (-A_m + F)\gamma\right]}{2b\gamma}$$

$$(6.12)$$

$$W_{2N}^* = \frac{2a(b+3s) - b[a + A_m b + b(F - 4C_{s2} + 4f) + 6(A_r + C_{r1} - C_{s2} + 2f)s - 6\varphi]}{4b\gamma(b+3s)}$$

$$(6.13)$$

$$q_{mN}^* = \frac{a(b+2s) - b[b(A_m + F) + 2(2A_m - A_r - C_{r1} + 2F - C_{s2})s + 2\varphi]}{4(b+3s)} \quad (6.14)$$

$$q_{rN}^* = \frac{as + b(A_m - 2A_r - 2C_{r1} + F - 2C_{s2})s + 2b\varphi}{2(b+3s)} \quad (6.15)$$

$$P_N^* = \frac{a - Q_N^{D*}}{b} = \frac{a - q_{mN}^{D*} - q_{rN}^{D*}}{b} = \frac{a(3b+8s) + b[b(A_m + F) + 2(A_m + A_r + C_{r1} + F + C_{s2})s - 2\varphi]}{4b(b+3s)}$$

$$(6.16)$$

$$P_{rN}^* = \frac{a + b(A_m - 2A_r - 2C_{r1} + F - 2C_{s2}) - 6\varphi}{2(b+3s)} \quad (6.17)$$

将式（6.12）~式（6.17）代入式（6.1）~式（6.4），可得政府不提供补贴时的供应商、装配商、再制造商和整个供应链的均衡利润分别为

$$\Pi_{sN}^* = \frac{1}{8b(b+3s)}\left(\begin{aligned} &-\frac{\{-a(b+6s) + b[A_m b + bF + 6(A_r + C_{r1} + C_{s2})s - 6\varphi]\}[as + b(A_m - 2A_r - 2C_{r1} + F - 2C_{s2})s + 2b\varphi]}{b+3s} \\ &+[-a + b(A_m + F)](-a(b+2s) + b[b(A_m + F) \\ &+2(2A_m - A_r - C_{r1} + 2F - C_{s2})s + 2\varphi]) \end{aligned} \right) \quad (6.18)$$

$$\Pi_{mN}^{*} = \frac{\{a(b+2s) - b[b(A_m + F) + 2(2A_m - A_r - C_{r1} + 2F - C_{s2})s + 2\varphi]\}^2}{16b(b+3s)^2}$$

(6.19)

$$\Pi_{rN}^{*}(q_{mN}) = \frac{[as + b(A_m - 2A_r - 2C_{r1} + F - 2C_{s2})s + 2b\varphi]^2}{4b(b+3s)^2}$$

(6.20)

$$\Pi_{scN}^{*} = \frac{1}{16b(b+3s)^2} \Big\{ 4[as + b(A_m - 2A_r - 2C_{r1} + F - 2C_{s2})s + 2b\varphi]^2$$
$$+ (a(b+2s) - b[b(A_m + F) + 2(2A_m - A_r - C_{r1} + 2F - C_{s2})s$$
$$+ 2\varphi]^2 + 2(b+3s)(-a(b+6s) + b[A_m b + bF + 6(A_r + C_{r1} + C_{s2})s - 6\varphi])$$
$$\left[-\frac{[as + b(A_m - 2A_r - 2C_{r1} + F - 2C_{s2})s + 2b\varphi]}{b+3s}\right.$$
$$+ [-a + b(A_m + F)](-a(b+2s) + b[b(A_m + F)$$
$$+ 2(2A_m - A_r - C_{r1} + 2F - C_{s2})s + 2\varphi]\Big]\Big\}$$

(6.21)

性质 6.1 政府不提供补贴时，零部件 1 的均衡批发价格关于单位专利许可费单调递增，零部件 2 的均衡批发价格关于单位专利许可费单调递减。

证明：由于 $\frac{\partial W_{1N}^{*}}{\partial f} = \frac{1}{\gamma}$，$\frac{\partial W_{2N}^{*}}{\partial f} = -\frac{1}{\gamma}$，结论成立。

单位专利许可费的增加使得再制造商的成本增加，供应商为了鼓励再制造商进行零部件 1 的再制造从而增加自身的专利许可收入，故而降低零部件 2 的批发价格，同时为了弥补自己的失提高零部件 1 的批发价格。

性质 6.2 政府不提供补贴时，新产品的均衡产量关于装配商的装配成本单调递减，关于再制造商的装配成本单调递增；再制造产品的均衡产量关于装配商的装配成本单调递增，关于再制造商的装配成本单调递减。

证明：由于 $\frac{\partial q_{mN}^{*}}{A_m} = -\frac{b(b+4s)}{4(b+3s)} < 0$，$\frac{\partial q_{mN}^{*}}{A_r} = \frac{bs}{2b+6s} > 0$ 和 $\frac{\partial q_{rN}^{*}}{A_m} = \frac{bs}{2b+6s} > 0$，$\frac{\partial q_{rN}^{*}}{A_r} = -\frac{bs}{b+3s} < 0$，结论成立。

性质 6.2 说明政府不提供补贴时，装配商装配成本的增加使得装配商的单位产品利润减少，于是通过减少新产品的产量来提高新产品的销售价格，从而导致再制造产品的产量增加。再制造商装配成本的增加使得再制造商通过减少再制造产品的产量来降低产品的销售价格,从而导致新产品的产量增加。同理,装配商装配成本的增加使得再制造产品的产量增加。

性质 6.3 政府不提供补贴时,产品的均衡销售价格关于装配商的装配成本单调递增,关于再制造商的装配成本单调递增。

证明:由于 $\dfrac{\partial P_N^*}{A_m} = \dfrac{b+2s}{4b+12s} > 0$,$\dfrac{\partial P_N^*}{A_r} = \dfrac{s}{2b+6s} > 0$,结论成立。

性质 6.3 表明政府不提供补贴时,装配商装配成本的增加使得新产品产量的减少量大于再制造产品产量的增加量,从而导致产品销售价格的增加;再制造商装配成本的增加使得再制造产品产量的减少量大于新产品产量的增加量,从而导致产品销售价格的增加。

性质 6.4 政府不提供补贴时,废旧产品的均衡回收价格关于装配商的装配成本单调递增,关于再制造商的装配成本单调递减。

证明:由于 $\dfrac{\partial P_{rN}^*}{A_m} = \dfrac{b}{2b+6s} > 0$,$\dfrac{\partial P_{rN}^*}{A_r} = -\dfrac{b}{b+3s} < 0$,结论成立。

性质 6.4 表明政府不提供补贴时,装配商装配成本的增加导致再制造产品的产量增加,从而使得废旧产品的回收价格增加;再制造商装配成本的增加导致再制造产品产量的减少,从而导致废旧产品的回收价格减少。

6.3.2 政府给供应商提供补贴:模型 VS

模型 VS 决策结构如图 6.2 所示。

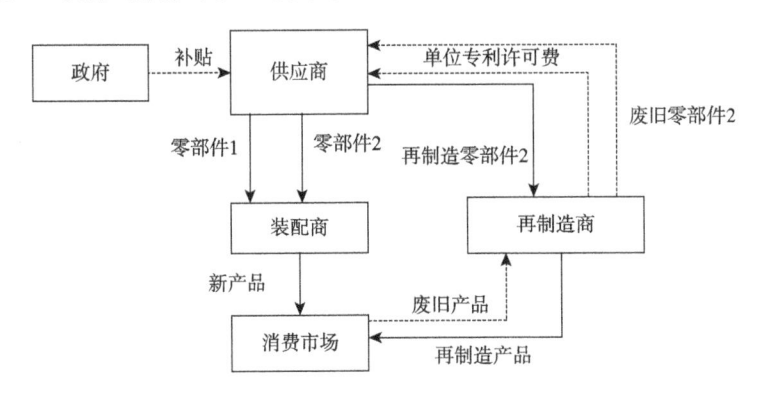

图 6.2 模型 VS 决策结构

供应商、装配商、再制造商和供应链系统的优化问题分别为

$$\max \Pi_{sVS}(W_{1VS}, W_{2VS}) = (W_{1VS} - C_{s1} - m_1 + W_{2VS} - C_{s2} - m_2)q_{mVS} \\ + (\gamma W_{2VS} + f - C_{s2} + v)q_{rVS} \quad (6.22)$$

$$\max \Pi_{mVS}(q_{mVS}) = \left(\frac{a - q_{mVS} - q_{rVS}}{b} - A_m - W_{1VS} - W_{2VS}\right)q_{mVS} \quad (6.23)$$

$$\max \Pi_{rVS}(q_{rVS}) = \left(\frac{a - q_{mVS} - q_{rVS}}{b} - P_{rVS} - A_r - C_{r1} - \gamma W_{2VS} - f\right)q_{rVS} \quad (6.24)$$

$$\max \Pi_{scVS}(q_{mVS}, q_{rVS}) = \left(\frac{a - q_{mVS} - q_{rVS}}{b} - A_m - C_{s1} - C_{s2} - m_1 - m_2\right)q_{mVS} \\ + \left(\frac{a - q_{mVS} - q_{rVS}}{b} - P_{rVS} - A_r - C_{r1} - C_{s2} + v\right)q_{rVS} \quad (6.25)$$

同样，令 $F = C_{s1} + C_{s2} + m_1 + m_2$，与 6.3.1 小节类似，可求得相应的均衡解分别为

$$W_{1VS}^* = \frac{1}{12b(b+3s)\gamma^2}[18as(-1+\gamma)\gamma + b^2(3\gamma(A_m + F - 4C_{s2} + 4f - 2A_m\gamma + 2F\gamma) \\ + v(7 + 4(-1+\gamma)\gamma)) + 3b(2s(3\gamma(A_r + C_{r1} - C_{s2} + 2f + (-A_m + F)\gamma) \\ + 2v(1 + (-1+\gamma)\gamma)) + \gamma(a(-1+2\gamma) - 6\varphi)] \quad (6.26)$$

$$W_{2VS}^* = \frac{\begin{aligned}&18as\gamma + b^2[-3(A_m + F - 4C_{s2} + 4f)\gamma + v(-7+2\gamma)]\\ &+3b[-4sv + 2s(-3(A_r + C_{r1} - C_{s2} + 2f) + v)\gamma + \gamma(a+6\varphi)]\end{aligned}}{12b(b+3s)\gamma^2} \quad (6.27)$$

$$q_{mVS}^* = \frac{\begin{aligned}&6as\gamma + b^2(v - 3(A_m + F)\gamma - 2v\gamma)\\ &+3b\gamma(a - 2s(2A_m - A_r - C_{r1} + 2F - C_{s2} + v) - 2\varphi)\end{aligned}}{12(b+3s)\gamma} \quad (6.28)$$

$$q_{rVS}^* = \frac{as\gamma + bs[v + (A_m - 2A_r - 2C_{r1} + F - 2C_{s2})\gamma] + 2b\gamma\varphi}{2(b+3s)\gamma} \quad (6.29)$$

$$P_{VS}^* = \frac{a - Q_{VS}^{D*}}{b} = \frac{a - q_{mVS}^{D*} - q_{rVS}^{D*}}{b} = \frac{\begin{aligned}&24as\gamma + b^2(3(A_m + F)\gamma + v(-1+2\gamma))\\ &+3b(-2sv + 3a\gamma + 2s(A_m + A_r + C_{r1} + F\\ &+ C_{s2} + v)\gamma - 2\gamma\varphi)\end{aligned}}{12b(b+3s)\gamma}$$

$$(6.30)$$

$$P_{rVS}^* = \frac{b[v + (A_m - 2A_r - 2C_{r1} + F - 2C_{s2})\gamma] + \gamma(a - 6\varphi)}{2(b+3s)\gamma} \quad (6.31)$$

将式（6.26）~式（6.31）代入式（6.22）~式（6.25），可得供应商、装配商、再制造商和供应链的最优利润分别为

$$\Pi_{sVS}^* = \frac{1}{72b(b+3s)\gamma^2}[(-3a\gamma + b(v+3(A_m+F)\gamma - 2v\gamma))(-6as\gamma$$
$$+ b^2(3(A_m+F)\gamma + v(-1+2\gamma)) + 3b\gamma(-a + 2(s(2A_m - A_r$$
$$- C_{r1} + 2F - C_{s2} + v) + \varphi)))$$
$$+ \frac{3(as\gamma + bs(v+(A_m-2A_r-2C_{r1}+F-2C_{s2})\gamma)+2b\gamma\varphi)(18as\gamma}{b+3s}$$
$$+ b^2(-3(A_m+F)\gamma + 7v(-1+2\gamma)) + 3b(-2s(v(2-7\gamma)$$
$$+ 3(A_r + C_{r1} + C_{s2})\gamma) + \gamma(a+6\varphi)))] \quad (6.32)$$

$$\Pi_{mVS}^* = \frac{[-6as\gamma + b^2(3(A_m+F)\gamma + v(-1+2\gamma)) + 3b\gamma(-a +2(s(2A_m - A_r - C_{r1} + 2F - C_{s2} + v) + \varphi))]^2}{144b(b+3s)^2\gamma^2} \quad (6.33)$$

$$\Pi_{rVS}^* = \frac{\left(as\gamma + bs\left[v + (A_m - 2A_r - 2C_{r1} + F - 2C_{s2})\gamma\right] + 2b\gamma\varphi\right)^2}{4b(b+3s)^2\gamma^2} \quad (6.34)$$

$$\Pi_{scVS}^* = \frac{1}{144b(b+3s)^2\gamma^2}[36(as\gamma + bs[v+(A_m-2A_r-2C_{r1}+F-2C_{s2})\gamma]$$
$$+ 2b\gamma\varphi)^2 + (-6as\gamma + b^2[3(A_m+F)\gamma + v(-1+2\gamma)]$$
$$+ 3b\gamma(-a + 2[s(2A_m - A_r - C_{r1} + 2F - C_{s2} + v) + \varphi]))^2$$
$$+ 2(b+3s)((-3a\gamma + b[v+3(A_m+F)\gamma - 2v\gamma])(-6as\gamma + b^2[3(A_m+F)\gamma$$
$$+ v(-1+2\gamma)] + 3b\gamma(-a+2[s(2A_m - A_r - C_{r1} + 2F - C_{s2} + v) + \varphi]))$$
$$+ \frac{3(as\gamma + bs[v+(A_m-2A_r-2C_{r1}+F-2C_{s2})\gamma]+2b\gamma\varphi)(18as\gamma}{b+3s}$$
$$+ b^2[-3(A_m+F)\gamma + 7v(-1+2\gamma)] + 3b(-2s[v(2-7\gamma)$$
$$+ 3(A_r+C_{r1}+C_{s2})\gamma] + \gamma(a+6\varphi)))] \quad (6.35)$$

性质 6.5 政府给供应商提供补贴时，零部件 1 的均衡批发价格关于单位专利许可费单调递增，零部件 2 的均衡批发价格关于单位专利许可费单调递减。

证明：由于 $\frac{\partial W_{1VS}^*}{\partial f} = \frac{1}{\gamma}$，$\frac{\partial W_{2VS}^*}{\partial f} = -\frac{1}{\gamma}$，结论成立。

当政府对供应商的再制造行为提供补贴时，单位专利许可费的增加使得再制造商的成本增加，供应商一方面为了鼓励再制造商进行零部件1的再制造从而增加自身的专利许可收入，另一方面为了通过对零部件2的再制造得到更多的政府补贴，故降低零部件2的批发价格，同时为了弥补自己的损失提高零部件1的批发价格。

性质 6.6 当政府给供应商提供补贴时，零部件1的均衡批发价格关于政府单位补贴单调递增，零部件2的均衡批发价格关于政府单位补贴单调递减。

证明：由于 $0<\gamma<1$，故 $\dfrac{\partial W_{1VS}^*}{\partial v}=\dfrac{1}{12}(4+\dfrac{4+\dfrac{3b}{b+3s}-4\gamma}{\gamma^2})>0$，$\dfrac{\partial W_{2VS}^*}{\partial v}=\dfrac{6s(-2+\gamma)+b(-7+2\gamma)}{12(b+3s)\gamma^2}<0$，结论成立。

性质 6.6 表明在政府对供应商的再制造行为提供补贴的情况下，政府单位补贴的增加使得供应商降低零部件2的批发价格，从而鼓励再制造商向其购买再制造零部件2，以此来增加自身的政府补贴收入，同时为了弥补自己的损失提高零部件1的批发价格。

性质 6.7 当政府给供应商提供补贴时，如果 $0<\gamma\leqslant\dfrac{b}{2(b+3s)}$，新产品的均衡产量关于政府单位补贴单调递增，如果 $\dfrac{b}{2(b+3s)}<\gamma<1$，新产品的均衡产量关于政府单位补贴单调递减。

证明：由于 $\dfrac{\partial q_{mVS}^*}{\partial v}=\dfrac{1}{12}b[-2+\dfrac{b}{\gamma(b+3s)}]$，结论成立。

性质 6.7 表明在政府对供应商的再制造行为提供补贴的情况下，存在一个供应商供应给再制造商零部件2的批发价格折扣率的临界值，当批发价格折扣率小于等于这个临界值时，供应商的零部件批发利润不够大，因此政府单位补贴的增加所导致的零部件1的批发价格的增加量大于零部件2的批发价格的减少量，使得装配商的零部件批发成本提高，单位产品利润减少，于是装配商通过增加新产品的产量来增加利润；当批发价格折扣率超过这个临界值时，供应商的零部件批发利润足够大，因此政府单位补贴的增加所导致的零部件1的批发价格的增加量小于零部件2的批发价格的减少量，使得装配商的零部件批发成本降低，单位产品利润增加，于是装配商通过减少新产品的产量来提高产品的销售价格。

性质 6.8 当政府给供应商提供补贴时，再制造产品的均衡产量和废旧产品的回收价格均关于政府单位补贴单调递增。

证明：由于 $\dfrac{\partial q_{rVS}^*}{\partial v}=\dfrac{bs}{2b\gamma+6s\gamma}>0$，$\dfrac{\partial p_{rVS}^*}{\partial v}=\dfrac{b}{2b\gamma+6s\gamma}>0$，结论成立。

由性质 6.8 可知,在政府对供应商的再制造行为提供补贴的情况下,政府单位补贴的增加促使供应商降低零部件 2 的批发价格使得再制造商的批发成本降低,单位产品利润增加,于是再制造商通过增加再制造产品的产量来增加自身的利润,从而导致废旧产品的回收价格增加。

性质 6.9 当政府给供应商提供补贴时,如果 $0 < \gamma \leqslant \dfrac{b+6s}{2b+6s}$,产品的均衡销售价格关于政府单位补贴单调递减;如果 $\gamma > \dfrac{b+6s}{2b+6s}$,产品的均衡销售价格关于政府单位补贴单调递增。

证明:由于 $\dfrac{\partial P_{\mathrm{VS}}^*}{\partial v} = \dfrac{1}{12}\left(2 - \dfrac{b+6s}{b\gamma+3s\gamma}\right)$,结论成立。

性质 6.9 表明在政府对供应商的再制造行为提供补贴的情况下,存在一个供应商供应给再制造商零部件 2 的批发价格折扣率的临界值,当批发价格折扣率小于等于这个临界值时,政府单位补贴的增加所导致的零部件 1 的批发价格的增加量大于零部件 2 的批发价格的减少量,使得装配商的零部件批发成本提高,单位产品利润减少,于是装配商通过增加新产品的产量来增加利润,从而使得产品销售价格降低;当批发价格折扣率超过这个临界值时,供应商的零部件批发利润足够大,因此政府单位补贴的增加所导致的零部件 1 的批发价格的增加量小于零部件 2 的批发价格的减少量,使得装配商的零部件批发成本降低,单位产品利润增加,于是装配商通过减少新产品的产量来提高产品销售价格。

性质 6.10 当政府给供应商提供补贴时,新产品和再制造产品的产量和废旧产品的回收价格均关于供应商供应给再制造商零部件 2 的批发价格折扣率单调递减,产品的销售价格关于供应商供应给再制造商零部件 2 的批发价格折扣率单调递增。

证明:由于 $\dfrac{\partial q_{m\mathrm{VS}}^*}{\partial \gamma} = -\dfrac{b^2 v}{12(b+3s)\gamma^2} < 0$,$\dfrac{\partial q_{r\mathrm{VS}}^*}{\partial \gamma} = -\dfrac{bsv}{2(b+3s)\gamma^2} < 0$,$\dfrac{\partial P_{r\mathrm{VS}}^*}{\partial \gamma} = -\dfrac{bv}{2(b+3s)\gamma^2} < 0$,$\dfrac{\partial P_{\mathrm{VS}}^*}{\partial \gamma} = \dfrac{(b+6s)v}{12(b+3s)\gamma^2} > 0$,结论成立。

性质 6.10 表明供应商供应给再制造商零部件 2 的批发价格折扣率的增加导致再制造商的批发成本提高,单位利润减少,于是再制造商通过减少再制造产品的产量来提高产品的销售价格,从而使得总需求减少,导致新产品的产量减少。同时,再制造产品产量的减少使得废旧产品的回收价格减少。

6.3.3 政府给再制造商提供补贴:模型 VR

模型 VR 决策结构如图 6.3 所示。

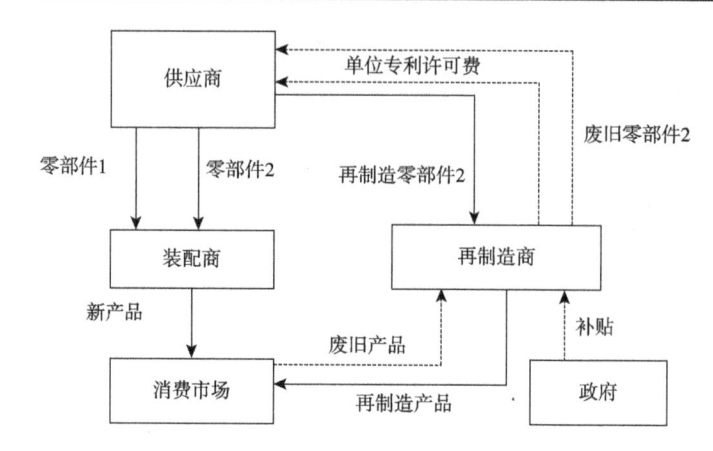

图 6.3　模型 VR 决策结构

供应商、装配商、再制造商和供应链系统的优化问题分别为

$$\max \Pi_{sVR}(W_{1VR}, W_{2VR}) = (W_{1VR} - C_{s1} - m_1 + W_{2VR} - C_{s2} - m_2)q_{mVR} \\ + (\gamma W_{2VR} + f - C_{s2})q_{rVR} \quad (6.36)$$

$$\max \Pi_{mVR}(q_{mVR}) = \left(\frac{a - q_{mVR} - q_{rVR}}{b} - A_m - W_{1VR} - W_{2VR}\right)q_{mVR} \quad (6.37)$$

$$\max \Pi_{rVR}(q_{rVR}) = \left(\frac{a - q_{mVR} - q_{rVR}}{b} - P_{rVR} - A_r - C_{r1} - \gamma W_{2VR} - f + v\right)q_{rVR} \quad (6.38)$$

$$\max \Pi_{scVR}(q_{mVR}, q_{rVR}) = \left(\frac{a - q_{mVR} - q_{rVR}}{b} - A_m - C_{s1} - C_{s2} - m_1 - m_2\right)q_{mVR} \\ + \left(\frac{a - q_{mVR} - q_{rVR}}{b} - P_{rVR} - A_r - C_{r1} - C_{s2} + v\right)q_{rVR} \quad (6.39)$$

同样，令 $F = C_{s1} + C_{s1} + m_1 + m_2$，与 6.3.1 小节和 6.3.2 小节类似，可求得相应的均衡解分别为

$$W_{1VR}^* = \frac{a(-1+\gamma) + b[A_r + C_{r1} - C_{s2} + 2f - v + (-A_m + F)\gamma \\ + \dfrac{a + b(A_m - 2A_r - 2C_{r1} + F - 2C_{s2} + 2v) - 6\varphi}{2(b+3s)}]}{2b\gamma} \quad (6.40)$$

$$W_{2VR}^* = \frac{a(b+6s) - b\left[A_m b + b(F - 4C_{s2} + 4f) + 6s(A_r + C_{r1} - C_{s2} \\ + 2f - v) - 6\varphi\right]}{4b(b+3s)\gamma} \quad (6.41)$$

$$q_{mVR}^* = \frac{a(b+2s) - b[bF - 2(A_r + C_{r1})s + A_m(b+4s) \\ + 2s(2F - C_{s2} + v) + 2\varphi]}{4(b+3s)} \quad (6.42)$$

$$q_{rVR}^* = \frac{as + bs(A_m - 2A_r - 2C_{r1} + F - 2C_{s2} + v) + 2b\varphi}{2(b+3s)} \quad (6.43)$$

$$P_{VR}^* = \frac{a - q_{mVR}^* - q_{rVR}^*}{b} = \frac{\begin{array}{l}a(3b+8s) + b[bF + A_m(b+2s) \\ +2s(A_r + C_{r1} + F + C_{s2} - v) - 2\varphi]\end{array}}{4b(b+3s)} \quad (6.44)$$

$$P_{rVR}^* = \frac{a + b(A_m - 2A_r - 2C_{r1} + F - 2C_{s2} + 2v) - 6\varphi}{2(b+3s)} \quad (6.45)$$

将式（6.40）~式（6.45）代入式（6.36）~式（6.39），可得供应商、装配商、再制造商和供应链的最优利润分别为

$$q_{mVR}^* = \frac{\begin{array}{l}6as\gamma + b^2[v - 3(A_m + F)\gamma - 2v\gamma] \\ +3b\gamma[a - 2s(2A_m - A_r - C_{r1} + 2F - C_{s2} + v) - 2\varphi]\end{array}}{12(b+3s)\gamma} \quad (6.46)$$

$$q_{rVR}^* = \frac{as\gamma + bs[v + (A_m - 2A_r - 2C_{r1} + F - 2C_{s2})\gamma] + 2b\gamma\varphi}{2(b+3s)\gamma} \quad (6.47)$$

$$P_{VR}^* = \frac{a - Q_{VR}^{D*}}{b} = \frac{a - q_{mVR}^{D*} - q_{rVR}^{D*}}{b} = \frac{\begin{array}{l}24as\gamma + b^2[3(A_m + F)\gamma + v(-1 + 2\gamma)] \\ +3b[-2sv + 3a\gamma + 2s(A_m + A_r + C_{r1} + F \\ +C_{s2} + v)\gamma - 2\gamma\varphi]\end{array}}{12b(b+3s)\gamma}$$
$$(6.48)$$

$$\Pi_{scVR}^* = \frac{1}{16b(b+3s)^2}[4(as + bs(A_m - 2A_r - 2C_{r1} + F - 2C_{s2} + v) + 2b\varphi)^2$$
$$+(a(b+2s) - b(bF - 2(A_r + C_{r1})s + A_m(b+4s) + 2s(2F$$
$$-C_{s2} + v) + 2\varphi))^2 + 2(b+3s)$$
$$(-\frac{(-a(b+6s) + b(A_mb + bF + 6s(A_r + C_{r1} + C_{s2} - v)}{b+3s}$$
$$-6\varphi))(as + bs(A_m - 2A_r - 2C_{r1} + F - 2C_{s2} + v) + 2b\varphi)$$
$$+(-a + b(A_m + F))(-a(b+2s) + b(bF$$
$$-2(A_r + C_{r1})s + A_m(b+4s) + 2s(2F - C_{s2} + v) + 2\varphi)))] \quad (6.49)$$

性质 6.11 政府给再制造商提供补贴时，零部件 1 的均衡批发价格关于单位专利许可费单调递增，零部件 2 的均衡批发价格关于单位专利许可费单调递减。

证明：由于 $\frac{\partial W_{1VR}^*}{\partial f} = \frac{1}{\gamma}$，$\frac{\partial W_{2VR}^*}{\partial f} = -\frac{1}{\gamma}$，结论成立。

当政府对再制造商的再制造行为提供补贴时，单位专利许可费的增加使得再

制造商的成本增加，供应商为了鼓励再制造商进行零部件 1 的再制造从而增加自身的专利许可收入，因此降低了零部件 2 的批发价格，同时为了弥补自己的损失提高了零部件 1 的批发价格。

性质 6.12 当政府给再制造商提供补贴时，零部件 1 的均衡批发价格关于政府单位补贴单调递减，零部件 2 的均衡批发价格关于政府单位补贴单调递增。

证明：由于 $\dfrac{\partial W_{1VR}^*}{\partial v} = -\dfrac{3s}{2b\gamma + 6s\gamma} < 0$，$\dfrac{\partial W_{2VR}^*}{\partial v} = \dfrac{3s}{2b\gamma + 6s\gamma} > 0$，结论成立。

性质 6.12 表明，在政府对再制造商的再制造行为提供补贴的情况下，政府单位补贴的增加使得供应商提高零部件 2 的批发价格从而来分享再制造商所获得的政府补贴，同时为了鼓励装配商订购零部件 1 从而降低了零部件 1 的批发价格。

性质 6.13 当政府给再制造商提供补贴时，新产品的均衡产量关于政府单位补贴单调递减，再制造产品的均衡产量关于政府单位补贴单调递增。

证明：由于 $\dfrac{\partial q_{mVR}^*}{\partial v} = -\dfrac{bs}{2(b+3s)} < 0$，$\dfrac{\partial q_{rVR}^*}{\partial v} = \dfrac{b}{3} > 0$，结论成立。

性质 6.13 表明，在政府对再制造商的再制造行为提供补贴的情况下，政府单位补贴的增加使得再制造产品的单位利润增加，再制造商通过增加再制造产品的产量来提高利润，从而使得装配商通过减少新产品的产量来提高产品销售价格。

性质 6.14 当政府给再制造商提供补贴时，产品的均衡销售价格关于政府单位补贴单调递减，废旧产品的均衡回收价格关于政府单位补贴单调递增。

证明：由于 $\dfrac{\partial P_{VR}^*}{\partial v} = -\dfrac{s}{2(b+3s)} < 0$，$\dfrac{\partial P_{rVR}^*}{\partial v} = \dfrac{b}{b+3s} > 0$，结论成立。

性质 6.14 表明，在政府对再制造商的再制造行为提供补贴的情况下，由性质 6.13 可知，政府单位补贴的增加使得再制造产品的产量增加，从而使得再制造商提高废旧产品的回收价格，并且产品的销售价格降低。

6.4 均衡结果对比分析

本节主要针对 6.3 节的均衡分析结果，探讨不同补贴模式下产品均衡销售价格、新产品与再制造产品均衡产量之间的对比，经过比较计算，可得以下结果。

结论 6.1 当 $0 < \gamma < \dfrac{b+6s}{2b+6s}$ 时，$P_{VS}^* < P_N^*$；当 $\gamma = \dfrac{b+6s}{2b+6s}$ 时，$P_{VS}^* = P_N^*$；当 $\dfrac{b+6s}{2b+6s} < \gamma < 1$ 时，$P_{VS}^* > P_N^*$。

结论 6.2 当 $0<\gamma<0.5$ 时，$P_{VS}^* < P_{VR}^*$；当 $\gamma=0.5$ 时，$P_{VS}^* = P_{VR}^*$；当 $0.5<\gamma<1$ 时，$P_{VS}^* > P_{VR}^*$。

结论 6.3 当 $0<\gamma<1$ 时，$P_N^* > P_{VR}^*$。

由于 $0.5 < \frac{b+6s}{2b+6s} < 1$，综合结论 6.1~结论 6.3，可得以下推论。

推论 6.1 当 $0<\gamma<0.5$ 时，$P_{VS}^* < P_{VR}^* < P_N^*$；当 $\gamma=0.5$ 时，$P_{VS}^* = P_{VR}^* < P_N^*$；当 $0.5<\gamma<\frac{b+6s}{2b+6s}$ 时，$P_{VR}^* < P_{VS}^* < P_N^*$；当 $\gamma=\frac{b+6s}{2b+6s}$ 时，$P_{VR}^* < P_{VS}^* = P_N^*$；当 $\frac{b+6s}{2b+6s}<\gamma<1$ 时，$P_{VR}^* < P_N^* < P_{VS}^*$。

推论 6.1 表明存在两个供应商供应给再制造商零部件 2 的折扣率的临界值，当折扣率较小时，供应商供应给再制造商零部件 2 的利润较低，因此，政府给供应商提供补贴时供应商为了获取更多的补贴，将降低零部件 2 的批发价格，进而使得装配商和再制造商的单位产品利润增加，促使两者提高新产品和再制造产品的产量，从而导致产品销售价格最低，也使得消费者获利最大；政府给再制造商提供补贴使得再制造商通过增加再制造产品的产量来增加政府补贴，从而产品销售价格次低；当政府不提供补贴时，新产品和再制造产品的产量最低，使得产品销售价格最高，对消费者最不利。

当折扣率较大时，供应商供应给再制造商零部件 2 的利润较高，再制造商的单位产品利润较低，政府给再制造商提供补贴促使再制造商增加再制造产品的产量来增加政府补贴，从而使得产品销售价格最低，对消费者最有利；当政府不提供补贴时，供应商降低零部件 2 的批发价格来鼓励再制造商增加零部件 2 的批发数量，装配商和再制造商的单位产品利润增加，使得装配商和再制造商增加新产品和再制造产品的产量，产品销售价格次低；政府给供应商提供补贴时供应商的单位利润已经较高，不需要降低零部件 2 的批发价格，从而使得新产品和再制造产品的产量最低，进而使得产品销售价格最高，对消费者最不利。

结论 6.4 当 $0<\gamma<\frac{b}{2b+6s}$ 时，$q_{mVS}^* > q_{mN}^*$；当 $\gamma=\frac{b}{2b+6s}$ 时，$q_{mVS}^* = q_{mN}^*$；当 $\frac{b+6s}{2b+6s}<\gamma<1$ 时，$q_{mVS}^* < q_{mN}^*$。

结论 6.5 当 $0<\gamma<0.5$ 时，$q_{mVR}^* < q_{mVS}^*$；当 $\gamma=0.5$ 时，$q_{mVR}^* = q_{mVS}^*$；当 $0.5<\gamma<1$ 时，$q_{mVR}^* > q_{mVS}^*$。

结论 6.6 当 $0<\gamma<1$ 时，$q_{mVR}^* < q_{mN}^*$。

由于 $0 < \frac{b+6s}{2b+6s} < 0.5$，综合结论 6.4~结论 6.6，可得以下推论。

推论 6.2 当 $0<\gamma<\dfrac{b}{2b+6s}$ 时，$q_{mVS}^* > q_{mN}^* > q_{mVR}^*$；当 $\gamma=\dfrac{b}{2b+6s}$ 时，$q_{mVS}^* = q_{mN}^* > q_{mVR}^*$；当 $\dfrac{b}{2b+6s}<\gamma<0.5$ 时，$q_{mN}^* > q_{mVS}^* > q_{mVR}^*$；当 $\gamma=0.5$ 时，$q_{mN}^* > q_{mVR}^* = q_{mVS}^*$；当 $0.5<\gamma<1$ 时，$q_{mN}^* > q_{mVR}^* > q_{mVS}^*$。

推论 6.2 表明，存在两个供应商供应给再制造商零部件 2 的折扣率的临界值，当折扣率较小时，供应商供应给再制造商零部件 2 的利润较低，因此，政府给供应商提供补贴时，为了获取更多的补贴，供应商将降低零部件 2 的批发价格，进而使得装配商的单位产品利润增加，提高新产品的产量，故新产品的产量最高；当政府不提供补贴时，供应商为了鼓励再制造商增加零部件 2 的批发数量从而降低零部件 2 的批发价格，使得装配商的单位产品利润增加，因此增加新产品的产量，使得新产品的产量次高；政府给再制造商提供补贴使得再制造商增加再制造产品的产量，产品销售价格降低，使得装配商降低新产品的产量来提高销售价格，因此新产品产量最低。

当折扣率较大时，供应商供应给再制造商零部件 2 的利润较高，再制造商的单位产品利润较低，当政府不提供补贴时，供应商将通过降低零部件 1 和零部件 2 的批发价格来鼓励装配商和再制造商增加零部件的批发数量，从而导致新产品产量最高；当政府给再制造商提供补贴时，再制造商为了增加政府补贴故增加再制造产品的产量，导致产品销售价格降低，装配商为了提高销售价格减少新产品的产量，因此新产品产量次高；当政府给供应商提供补贴时，供应商为了增加政府补贴，降低零部件 2 的批发价格鼓励再制造商增加再制造产品的产量，从而导致新产品产量降低，因此新产品产量最低。

结论 6.7 当 $0<\gamma<0.5$ 时，$q_{rVS}^* > q_{rVR}^*$；当 $\gamma=0.5$ 时，$q_{rVS}^* = q_{rVR}^*$；当 $0.5<\gamma<1$ 时，$q_{rVR}^* > q_{rVS}^*$。

结论 6.8 当 $0<\gamma<1$ 时，$q_{rVR}^* > q_{rN}^*$，$q_{rVS}^* > q_{rN}^*$。

综合结论 6.7 和结论 6.8，可得以下推论。

推论 6.3 当 $0<\gamma<0.5$ 时，$q_{rVS}^* > q_{rVR}^* > q_{rN}^*$；当 $\gamma=0.5$ 时，$q_{rVS}^* = q_{rVR}^* > q_{rN}^*$；当 $0.5<\gamma<1$ 时，$q_{rVR}^* > q_{rVS}^* > q_{rN}^*$。

推论 6.3 表明，存在一个供应商供应给再制造商零部件 2 的折扣率的临界值，当折扣率较小时，供应商供应给再制造商零部件 2 的利润较低，再制造商的利润较高，因此政府给供应商提供补贴时供应商将降低零部件 2 的批发价格促使再制造商增加再制造产品的产量来增加政府补贴，因此再制造产品的产量最高；政府给再制造商提供补贴时，再制造商将通过增加再制造产品的产量来增加利润，因此再制造产品的产量次高；当政府不提供补贴时，再制造产品的产量最低。

当折扣率较大时，供应商供应给再制造商零部件 2 的利润较高，再制造商的利润较低，政府给再制造商提供补贴时促使再制造商增加再制造产品的产量来增加政府补贴,因此再制造产品产量最高;政府给供应商提供补贴促使供应商降低零部件 2 的批发价格从而使得再制造商增加再制造产品的产量,因此再制造产品的产量次高;当政府不提供补贴时,再制造产品的产量最低。

6.5 数值仿真

本节通过数值算例来进一步验证和分析模型中关键参数对均衡决策和利润的影响。从本章的主题来看,分析单位专利许可费和政府单位补贴水平对模型的影响将有助于供应商和再制造商制定批发、回收和两级再制造决策,进而影响装配商的生产决策,从而进一步明确专利许可和政府补贴对两级再制造供应链绩效的作用。基准参数选取如下:$a=150$,$b=5$,$A_m=10$,$A_r=6$,$C_{s1}=4$,$C_{s2}=5$,$v=5$,$\gamma=0.5$,$C_{r1}=2$,$\varphi=5$,$s=2$,$m_1=1$,$m_2=2$;$f=4$。算例分析分为三个部分:①分析政府不提供补贴时 f 对均衡批发价格的影响;②分析政府给供应商提供补贴时 f 和 v 对均衡决策和利润的影响;③分析政府给再制造商提供补贴时 f 和 v 对均衡决策和利润的影响。

6.5.1 政府不提供补贴时 f 对均衡批发价格的影响

由图 6.4 可以看出,政府不提供补贴时,零部件 1 的均衡批发价格关于单位专利许可费递增,零部件 2 的均衡批发价格关于单位专利许可费递减,这与性质 6.1 的结论一致,单位专利许可费的增加使得再制造商的成本增加,供应商为了鼓励再制造商进行零部件 1 的再制造从而增加自身的专利许可收入,故而降低零部件 2 的批发价格,同时为了弥补自己的损失提高零部件 1 的批发价格。

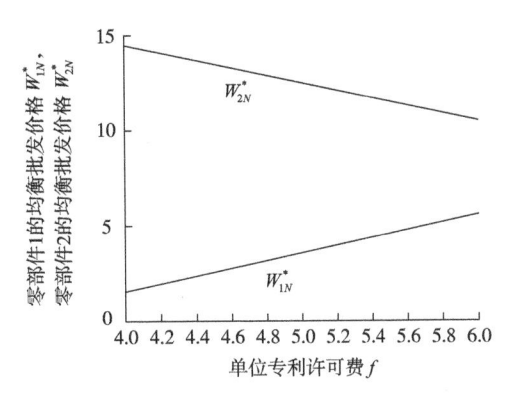

图 6.4 政府不提供补贴时单位专利许可费对零部件均衡批发价格的影响

6.5.2 政府给供应商提供补贴时 f 和 v 对均衡决策和利润的影响

从图 6.5 可以看出，当政府给供应商提供补贴时，零部件 1 的均衡批发价格关于单位专利许可费递增，零部件 2 的均衡批发价格关于单位专利许可费递减，这与性质 6.5 的结论一致。

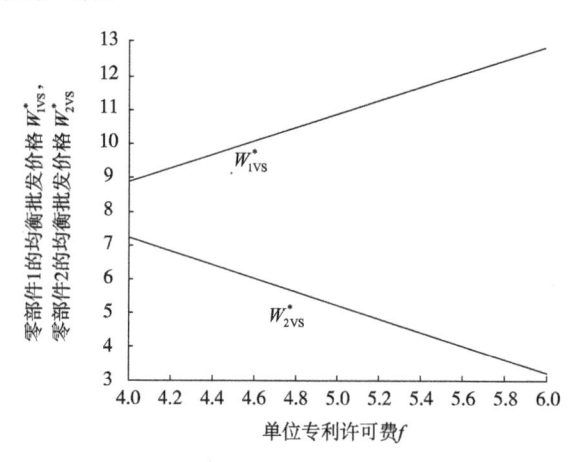

图 6.5 政府给供应商提供补贴时单位专利许可费对零部件均衡批发价格的影响

从图 6.6 可以看出，当政府给供应商提供补贴时，零部件 1 的均衡批发价格关于政府单位补贴递增，零部件 2 的均衡批发价格关于政府单位补贴递减，这与性质 6.6 的结论一致。

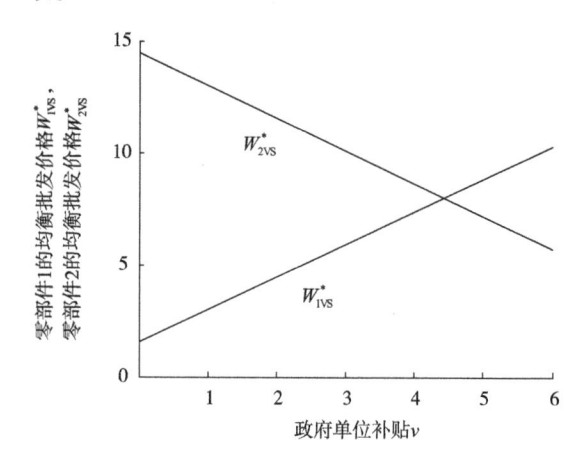

图 6.6 政府给供应商提供补贴时政府单位补贴对零部件均衡批发价格的影响

从图 6.7 可以看出，当政府给供应商提供补贴时，新产品的均衡产量关于政府单位补贴递减（$\frac{b}{2(b+3s)} < \gamma = 0.5 < 1$），再制造产品的均衡产量关于政府单位补贴递增，这与性质 6.7 和性质 6.8 的结论一致。

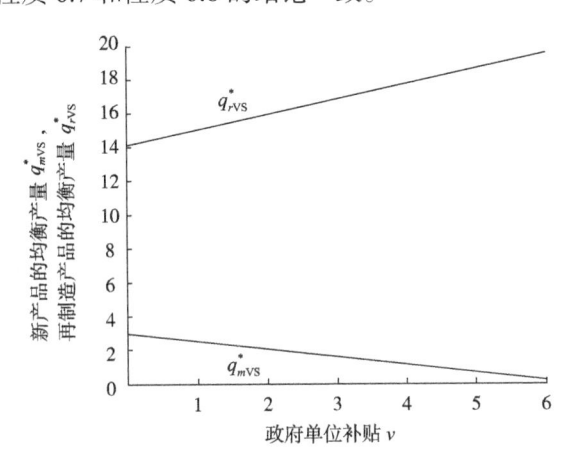

图 6.7 政府给供应商提供补贴时政府单位补贴对均衡产量的影响

从图 6.8 可以看出，当政府给供应商提供补贴时，产品的均衡销售价格关于政府单位补贴递减（$0 < \gamma \leqslant \frac{b+6s}{2b+6s}$），废旧产品的均衡回收价格关于政府单位补贴递增，这与性质 6.8 和性质 6.9 的结论一致。

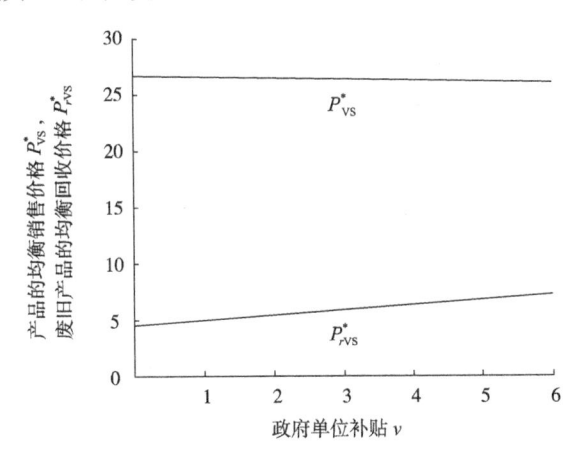

图 6.8 政府给供应商提供补贴时政府单位补贴对均衡销售价格和均衡回收价格的影响

从图 6.9 和图 6.10 可以看出，政府给供应商提供补贴时，供应商均衡利润、再制造商均衡利润和供应链的均衡总利润均关于政府单位补贴递增，而装配商的均衡利润关于政府单位补贴先减后增。供应商的均衡利润始终高于再制造商的均衡利润。这是由于在本例中,政府给供应商提供补贴时政府单位补贴的增加导致新产品的均衡产量降低,再制造产品的均衡产量增加,从而使得供应商和再制造商的利润增加,装配商的利润降低,而总的来说供应链总利润增加,供应商是Stackelberg博弈模型的领导者,故分享的整个供应链系统的利润最多。当政府单位补贴达到一定程度时,再制造商所分享供应商的单位产品利润也增加到一定程度,促使再制造商通过减少再制造产品的产量来提高产品的销售价格,因此新产品的产量增加,装配商的利润回升。

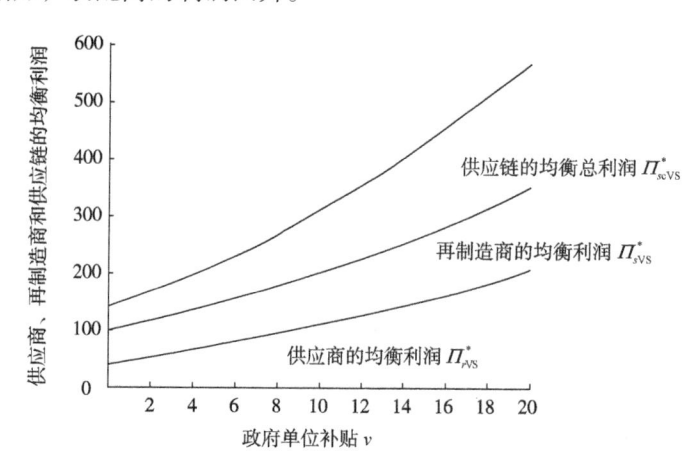

图 6.9 政府给供应商提供补贴时政府单位补贴对供应商、再制造商和供应链的均衡利润的影响

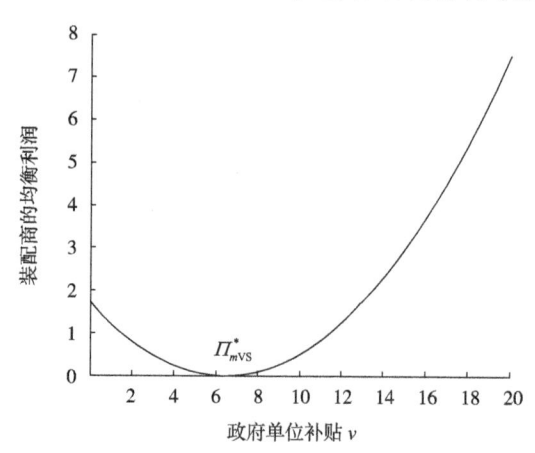

图 6.10 政府给供应商提供补贴时政府单位补贴对装配商的均衡利润的影响

6.5.3 政府给再制造商提供补贴时 f 和 v 对均衡决策和利润的影响

从图 6.11 可以看出,当政府给再制造商提供补贴时,零部件 1 的均衡批发价

格关于单位专利许可费递增,零部件 2 的均衡批发价格关于单位专利许可费递减,这与性质 6.11 的结论一致。

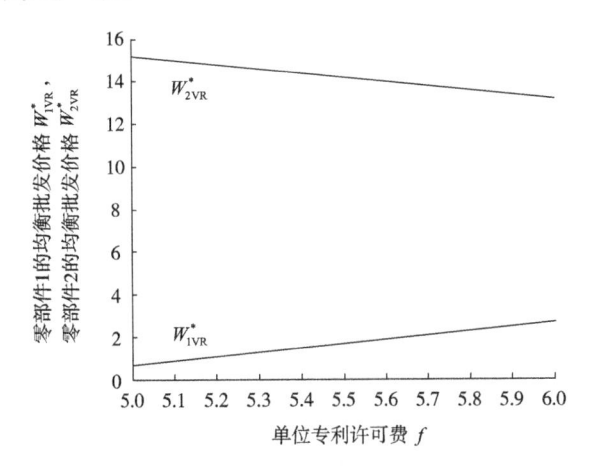

图 6.11　政府给再制造商提供补贴时单位专利许可费对零部件的均衡批发价格的影响

从图 6.12 可以看出,当政府给再制造商提供补贴时,零部件 1 的均衡批发价格关于政府单位补贴递减,零部件 2 的均衡批发价格关于政府单位补贴递增,这与性质 6.12 的结论一致。

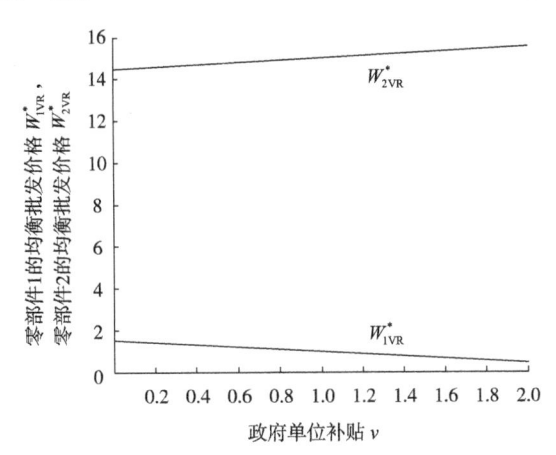

图 6.12　政府给再制造商提供补贴时政府单位补贴对零部件的均衡批发价格的影响

从图 6.13 可以看出,当政府给再制造商提供补贴时,新产品的均衡产量关于政府单位补贴递减,再制造产品的均衡产量关于政府单位补贴递增,这与性质 6.13 的结论一致。

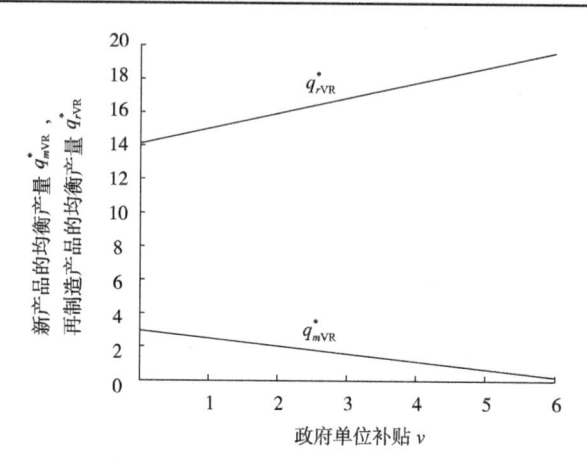

图 6.13　政府给再制造商提供补贴时政府单位补贴对均衡产量的影响

从图 6.14 可以看出，当政府给再制造商提供补贴时，产品的均衡销售价格关于政府单位补贴递减，废旧产品的均衡回收价格关于政府单位补贴递增，这与性质 6.14 的结论一致。

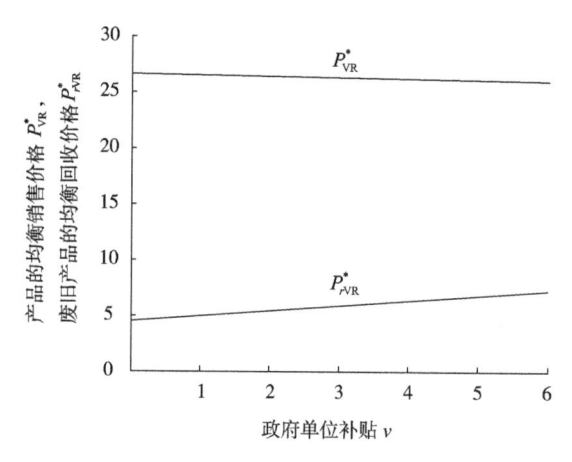

图 6.14　政府给再制造商提供补贴时政府单位补贴对均衡销售价格和均衡回收价格的影响

从图 6.15 和图 6.16 可以看出，政府给再制造商提供补贴时，供应商的均衡利润、再制造商的均衡利润和供应链的均衡总利润均关于政府单位补贴递增，而装配商的均衡利润关于政府单位补贴先减后增。供应商的均衡利润始终高于再制造商的均衡利润。这是由于政府给再制造商提供补贴时，政府单位补贴的增加导致新产品的均衡产量降低，再制造产品的均衡产量增加，从而供应商和再制造商的利润增加，装配商的利润降低，而总的来说供应链系统的利润增加，供应商是 Stackelberg 博弈模型的领导者，故分享的整个供应链系统的利润最多。当政府单位补贴达到一定程度时，再制造商的单位产品利润也增加到一定程度，促使再制造商通过减少再制造产品的产量来提高产品的销售价格，因此新产品的产量增加，装配商的利润回升。

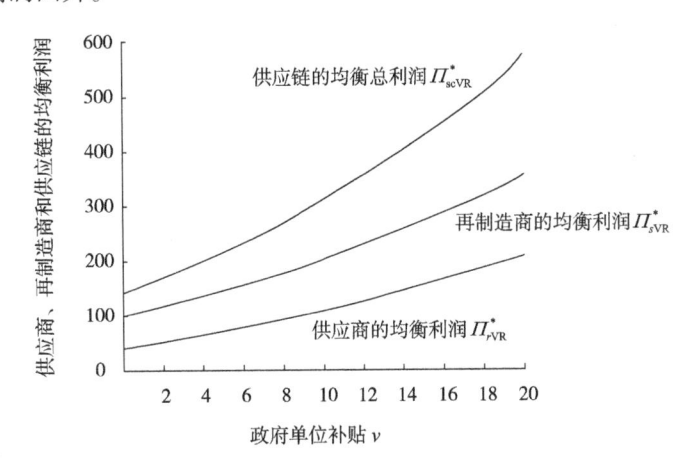

图 6.15 政府给再制造商提供补贴时政府单位补贴对供应商、再制造商和供应链的均衡利润的影响

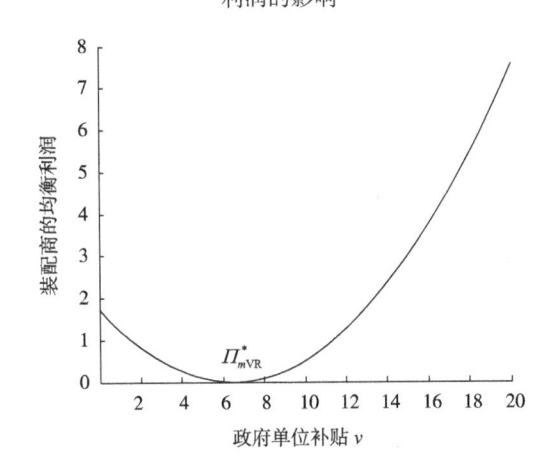

图 6.16 政府给再制造商提供补贴时政府单位补贴对装配商的均衡利润的影响

6.6 本章小结

本章主要针对包含一个供应商、一个装配商和一个再制造商的两级再制造供应链进行研究，供应商和再制造商分别进行核心零部件 2 和普通零部件 1 的再制造，再制造商对零部件 1 的再制造受到供应商的专利保护，需向供应商交纳专利

许可费；考虑到政府对再制造行为进行补贴的因素，我们按照政府不提供补贴、政府给供应商提供补贴、政府给再制造商提供补贴三种模式分析了供应商作为领导者，装配商和再制造商作为跟随者且装配商和再制造商关于产量形成古诺竞争的 Stackelberg 博弈模型。研究表明：①三种模式下的普通零部件 1 的均衡批发价格均与单位专利许可费呈正相关关系，核心零部件 2 的均衡批发价格均与单位专利许可费呈负相关关系。②政府给供应商提供补贴时，普通零部件 1 的均衡批发价格与政府单位补贴呈正相关关系，核心零部件 2 的均衡批发价格与政府单位补贴呈负相关关系；政府给再制造商提供补贴时，普通零部件 1 的均衡批发价格与单位专利许可费呈负相关关系，核心零部件 2 的均衡批发价格与单位专利许可费呈正相关关系。③无论采用哪种补贴模式，新产品的均衡产量与政府单位补贴呈负相关关系，再制造产品的均衡产量与单位补贴呈正相关关系，产品的均衡销售价格与政府单位补贴呈负相关关系，废旧产品的均衡回收价格与政府单位补贴呈正相关关系。④无论哪种补贴模式，供应商的均衡利润、再制造商的均衡利润和供应链的均衡总利润均与政府单位补贴呈正相关关系，装配商的均衡利润与政府单位补贴先呈负相关关系，后呈正相关关系，由于供应商占据 Stackelberg 博弈模型的领导地位，均衡利润始终最高，而再制造商相对于装配商来说具有再制造和装配成本优势，使得再制造产品的产量很高，导致新产品的产量很低，从而使得装配商的利润最低。⑤在不同的供应商供应给再制造商零部件 2 的批发价格折扣率下，三种模式下的均衡产品销售价格、新产品和再制造产品的均衡产量有着不同的大小排序。

该研究结论对实施再制造的上游供应商和下游再制造商及政府来说具有重要的实践意义。零部件的两级再制造和供应商对零部件 2 的批发价格折扣可以提高再制造商的回收和再制造效率，并且使得供应商通过专利许可的方式分享再制造所带来的利润，同时政府对再制造行为提供补贴的模式可以改善供应链系统的绩效，激励供应商和再制造商投入更多的资源进行再制造，对节约资源、改善环境具有重要的经济和社会意义。

本章考虑的是一个供应商参与零部件再制造的情形，然而，现实中的产品核心零部件不止一种，从而导致再制造核心零部件的供应商不止一个，如何分析多个供应商参与核心零部件的再制造决策问题将是更具现实意义的研究。此外，本章探讨的是需求确定情形下的两级再制造供应链决策问题，需求不确定情形下的两级再制造供应链决策问题也是下一步需要考虑的方向。

7 专利保护下考虑再制造程度的新产品与再制造产品定价策略

7.1 引言

随着环境污染的严峻和循环经济的发展,再制造和闭环供应链问题已成为企业界和学术界的热点问题。再制造闭环供应链作为实现绿色供应链的重要途径,是最复杂的可持续供应链管理体系。废旧产品的回收再制造可以减少国家对环境污染治理的投入,提高企业自身和社会整体对资源的利用,同时取得经济效益、环境效益和社会效益的双赢结果(Seuring 和 Müller,2008;Xu et al.,2018),因此,再制造管理在可持续供应链领域发挥着重要作用。在电子制造业中,苹果、惠普、富士施乐等国际知名公司已将再制造纳入公司的总体战略,以实现经济和环境的协调发展(Ginsburg,2001)。例如,富士施乐在5年内节省了2亿美元的原材料回收成本,惠普公司生产的重复使用的打印机墨盒产生了相当大的经济和社会效益。又如,2012年8月30日,苹果公司在其官方网站上宣布"苹果已开始回收 iPhone4S,最高价格为345美元"。从商业运营的角度来看,苹果公司回收 iPhone4S 本质上是一种"以旧换新"的营销策略。到2012年9月底,iPhone5 在全球销售,新产品的推出肯定会对旧产品产生严重影响。为了减少经济损失,苹果公司选择以礼品券的形式回收 iPhone4S,这些礼品券只能通过购买苹果产品来使用,消费者将不得不使用这些礼品券购买新的 iPhone5。

事实上,再制造是一种商业模式,而不仅仅是产品本身。从这个角度来看,再制造和翻新之间有根本的区别。翻新主要针对整机,原大型结构未更换,这台机器仍然以原来的容量存在;再制造更多是指零部件进入再制造的过程,经过100%的拆卸,原来的部件和标识完全缺失,因此再制造是指规模生产和标准化操作过程的制造。

再制造的意义不仅是对产品和服务的增值,也对环境、用户乃至社会发展有巨大好处。通过重新制造报废产品(简称旧部件),以达到不低于旧部件的质量和性能,然后以低于新部件的价格向用户提供与新部件相同的质量,这有助于用户减少所有权和运营成本。一旦使用的部件到达再制造工厂,它们就会被分解成最小的部件,并失去原来的身份。对各部件进行清洗、检查、严格工程规范,查看是否能有效修复,符合要求的磨损构件应按新产品相同的质量和性能经检验后,通过先进的修复技术进行组装、喷涂和包装,使再制造的产品具有与新产品相同的质量和性能并享有同等的售后保障。

卡特彼勒公司作为建筑机械、矿山机械和能源动力系统的全球标杆企业,高度重视可持续发展,以全新的理念和模式引领世界再制造发展。卡特彼勒公司 40 多年来在世界各地建立了 17 家再制造工厂,并拥有一个全面的全球旧部件回收系统和再制造产品销售系统,产品包括发动机、变速箱、传动轴、液压元件、电子控制单元等。通过每年回收 200 万个废旧部件,再制造和回收 8 万吨材料,卡特彼勒公司已发展成为世界上最大的再制造企业。多年来,卡特彼勒公司及其子公司一直在扩大再制造业务,并为 6 000 多种产品提供再制造服务。

因此,我们选择再制造问题作为研究对象,探讨这种商业模式对市场运营和企业运营决策的影响。此外,由于普通消费者喜欢尽可能新的产品,即再制造程度低的产品,其中,再制造程度是指再制造部件与再制造产品的所有部件之间的比例,故虽然高再制造程度可以降低再制造产品的生产成本,但也会降低再制造产品的市场需求。因此,再制造商可以通过调整再制造产品的再制造程度来影响再制造产品的市场需求。

出于成本和品牌的考虑,原制造商通常不亲自参与再制造活动,第三方再制造商负责旧产品的回收和再制造活动。例如,由于产品再制造过程中的技术或经济上不可行,需要更多的协调方法、管理策略和技术手段来解决这些问题。研究发现,技术许可是解决产品再制造过程中技术或经济上不可行的有效方法。利用其他企业先进的生产或管理技术,提高企业的生产或管理水平,使再制造在技术或经济上更加可行,最终使技术的许可人和被许可人都受益。

产品受到原制造商专利的保护,第三方再制造商的再制造行为可能会侵犯原制造商的专利权。再制造产品有许多专利侵权案件,如刨花箱、离合器箱和帆布屋顶箱等(Zhang et al.,2010)。又如,Recycle Assist 在日本销售佳能 Bcl-3e 打印机的复制墨盒,其是由一家中国公司在全球收集和再填充的回收墨盒。日本佳能公司认为其侵犯了自己的权益并在东京地区法院起诉

Recycle Assist，指控其打印机的进口复制墨盒以低于原产品 20%~30%的价格在日本销售，侵犯了佳能 JP3278410 专利，并要求其停止进口、销售和增加库存。2007 年 11 月 8 日，日本最高法院认定 Recycle Assist 侵犯了日本佳能公司的合法权益。

本章运用 Stackelberg 博弈模型分析专利保护下原制造商、零售商和第三方再制造商在两个周期内的定价决策，其中，再制造产品的再制造程度将影响消费者在新产品和再制造产品之间的选择决策。我们通过建模来研究再制造管理问题，而不是概念、案例研究和调查方法，因为我们需要描述决策者的定价决策与外生参数之间的数量关系，这可以帮助原制造商和第三方再制造商根据消费者的喜好做出最佳决策。因此，我们讨论以下研究问题。

（1）原制造商如何设定专利产品的专利许可费？
（2）再制造商如何决定再制造产品的再制造程度？
（3）消费者如何依据再制造产品的再制造程度在新产品和再制造产品之间做出选择？

7.2 模型和假设

7.2.1 问题描述

我们考虑一个两周期的包含一个原制造商、一个零售商和一个第三方再制造商的模型（图 7.1）。在第一周期，原制造商以生产成本 C_m 来生产产品，随后以批发价格 W_1 批发给零售商，零售商以零售价格 P_{1R} 销售到市场，需求为 D_{1R}；在第二周期，原制造商仍然以生产成本 C_m 生产产品并以批发价格 W_2 批发给零售商，然后零售商以零售价格 P_{2R} 销售到市场，需求为 D_{2R}，第三方再制造商根据第二周期中再制造产品的需求 D_{2T}，以废旧产品的单位回收成本 B 回收废旧产品，并且有一个废旧产品的回收率上界 δ（$0<\delta<1$），然后将这些废旧产品按生产成本 C_T（$C_T<C_m$）和再制造程度 y（$0<y<1$）生产再制造产品，并产生再制造程度努力成本 $\frac{1}{2}\xi(y-\alpha)^2$。其中，$\xi$（$\xi>\frac{\rho^2}{2\theta(1-\theta)}$）表示第三方再制造商的再制造执行效率，$\xi$ 越大说明再制造执行效率越低；再制造程度 y（$0<y<1$）表示再制造产品中的再制造零部件占总体零部件的比例；ρ（$0<\rho<1$）表示消费者对再制造程度的关注程度；θ（$0<\theta<1$）表示相对于新产品来说消费者对再制造产品的接受程度；α（$0<\alpha<1$）表示再制造程度的关键点（当 $y<\alpha$ 时，较高的

再制造程度将导致较低的再制造程度努力成本；当 $y>\alpha$ 时，由于额外使用产品的采购和库存成本，较高的再制造程度将导致较高的再制造程度努力成本）。再制造产品以零售价格 P_{2T} 被销售到市场。同时，产品受到原制造商的专利保护，因此第三方再制造商必须针对每个单位的再制造产品向原制造商支付专利许可费 f。

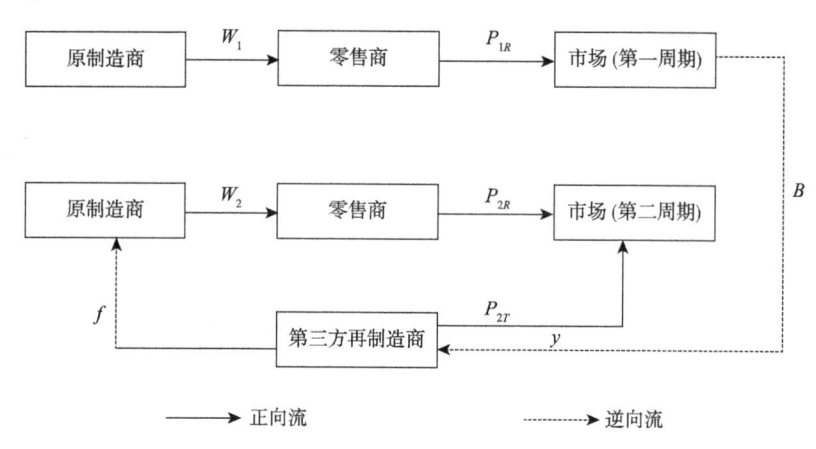

图 7.1　第一周期和第二周期中的制造和再制造系统结构

7.2.2　模型假设和符号

假设 7.1　根据 Zhang 等（2016），我们假设 $P_{2T}\leqslant\theta P_{2R}$，这与消费者对再制造产品相对于新产品的接受程度是一致的。

假设 7.2　我们假设所有回收的废旧产品都可以再制造，每个单位的废旧产品都可以再制造成一个再制造产品。

假设 7.3　我们根据以下两个方面设定 $\xi>\dfrac{\rho^2}{2\theta(1-\theta)}$：①消费者对再制造程度的关注程度越高，就必然要求第三方再制造商付出更多的成本，包括获得新的零部件及新的和废旧零部件的兼容性，从而在更大程度上降低再制造执行效率。②随着消费者对再制造程度的关注程度的提高，第三方再制造商需要支付更多的成本；当消费者对再制造产品的接受程度小于 0.5 时，再制造产品的需求并不太大，因此消费者对再制造产品的接受程度越高，再制造产品的再制造执行效率就越高；当消费者对再制造产品的接受程度超过 0.5 时，再制造产品的需求越多，就需要越多的额外使用产品的获取和库存成本，因此消费者对再制造产品的接受程度越高，再制造执行效率就越低。

符号描述如表 7.1 所示。

表 7.1 符号描述

	符号	描述
模型参数	$D_{jR}(j=1,2)$	第 j 周期中新产品的需求
	D_{2T}	第二周期中再制造产品的需求
	C_m	新产品的生产成本
	C_T	再制造产品的生产成本
	B	废旧产品的单位回收成本
	δ	废旧产品的回收率
	ξ	第三方再制造商的再制造执行效率
	α	再制造程度的关键点
	V	消费者对新产品的估值
	θ	相对于新产品来说消费者对再制造产品的接受程度
	$U_{jR}(j=1,2)$	第 j 周期消费者的新产品效用
	U_{2T}	第二周期消费者的再制造产品效用
	ρ	消费者对再制造程度的关注程度
决策变量	$W_j(j=1,2)$	第 j 周期新产品的批发价格
	$P_{jR}(j=1,2)$	第 j 周期新产品的零售价格
	P_{2T}	第二周期再制造产品的零售价格
	f	每单位再制造产品的专利许可费
	y	再制造产品的再制造程度
其他符号	$\Pi_{jM}(j=1,2)$	第 j 周期原制造商的利润
	$\Pi_{jR}(j=1,2)$	第 j 周期零售商的利润
	Π_{2T}	第二周期第三方再制造商的利润

7.2.3 需求函数和模型

参考 Chiang 等（2003）和 Mitra（2017），我们假设新产品和再制造产品在质量和价格上是不同的，因此消费者对新产品和再制造产品有不同的接受程度，消费者在[0,1]中均匀分布。消费者对新产品的估值是 V，对再制造产品的估值是 θV。第一周期消费者的新产品效用为

$$U_{1R} = V - P_{1R} \tag{7.1}$$

仅当 $U_{1R} > 0$ 时，消费者会购买新产品。根据式（7.1），第一周期新产品的需求为

$$D_{1R} = 1 - P_{1R} \tag{7.2}$$

第二周期消费者对新产品和再制造产品的效用分别为

$$U_{2R} = V - P_{2R} \tag{7.3}$$

$$U_{2T} = \theta V - P_{2T} - \rho y \tag{7.4}$$

由于仅当 $U_{2R} > 0$ 且 $U_{2R} > U_{2T}$ 时，消费者才会购买新产品，根据式（7.3）和式（7.4），第二周期新产品的需求为

$$D_{2R} = \frac{1 - \theta - P_{2R} + P_{2T} + \rho y}{1 - \theta} \tag{7.5}$$

类似地，仅当 $U_{2T} > 0$ 且 $U_{2T} > U_{2R}$ 时，消费者才会购买再制造产品，故第二周期再制造产品的需求为

$$D_{2T} = \frac{\theta P_{2R} - P_{2T} - \rho y}{\theta(1 - \theta)} \tag{7.6}$$

并且满足

$$\frac{\theta P_{2R} - P_{2T} - \rho y}{\theta(1 - \theta)} = D_{2T} \leqslant \delta D_{1R} = \delta(1 - P_{1R}) \tag{7.7}$$

因此，第一周期原制造商和零售商的优化问题分别为

$$\max \Pi_{1M}(W_1) = (W_1 - C_m)(1 - P_{1R}) \tag{7.8}$$

$$\max \Pi_{1R}(P_{1R}) = (P_{1R} - W_1)(1 - P_{1R}) \tag{7.9}$$

式（7.7）表示废旧产品的回收量约束；式（7.8）表示第一周期原制造商的新产品批发利润；式（7.9）表示第一周期零售商的新产品销售利润。

根据式（7.5）~式（7.7），第二周期原制造商、零售商和第三方再制造商的优化模型分别为

$$\max \Pi_{2M}(W_2, f) = (W_2 - C_m)\frac{(1 - \theta - P_{2R} + P_{2T} + \rho y)}{1 - \theta} + f\frac{\theta P_{2R} - P_{2T} - \rho y}{\theta(1 - \theta)} \tag{7.10}$$

$$\max \Pi_{2R}(P_{2R}) = (P_{2R} - W_2)\frac{(1 - \theta - P_{2R} + P_{2T} + \rho y)}{1 - \theta} \tag{7.11}$$

$$\max \Pi_{2T}(P_{2T}, y) = (P_{2T} - f - B - C_T)\frac{(\theta P_{2R} - P_{2T} - \rho y)}{\theta(1 - \theta)} - \frac{1}{2}\xi(y - \alpha)^2 \tag{7.12}$$

$$\text{s.t.} \quad \frac{\theta P_{2R} - P_{2T} - \rho y}{\theta(1 - \theta)} \leqslant \delta(1 - P_{1R})$$

其中，式（7.10）的第 1 项表示第二周期原制造商的新产品批发利润；第 2 项表示第二周期原制造商的专利许可利润。式（7.11）表示第二周期零售商的新产品销售利润。式（7.12）的第 1 项表示第二周期第三方再制造商的再制造产品销售利润；第 2 项表示第二周期第三方再制造商的再制造程度努力成本。

7.3 均衡与比较分析

7.3.1 均衡分析

在这一部分中,我们求这两个周期的均衡解,并进行比较分析。

类似于 Zhang 和 Zhang(2021),我们运用 Stackelberg 博弈模型来求解并分析这两个周期的均衡解。

在第一周期,原制造商充当 Stackelberg 领导者,零售商充当跟随者,利用逆向归纳法,可以得到第一周期新产品的最优批发价格和零售价格分别为

$$W_1^* = \frac{C_m + 1}{2} \tag{7.13}$$

$$P_{1R}^* = \frac{C_m + 3}{4} \tag{7.14}$$

因此,原制造商和零售商在第一周期的最优利润分别为

$$\Pi_{1M}^* = \frac{(1-C_m)^2}{8} \tag{7.15}$$

$$\Pi_{1R}^* = \frac{(1-C_m)^2}{16} \tag{7.16}$$

定理 7.1 原制造商和零售商在第一周期的均衡决策为式(7.13)和式(7.14)中的(W_1^*, P_{1R}^*),第一周期原制造商和零售商的均衡利润为式(7.15)和式(7.16)中的(Π_{1M}^*, Π_{1R}^*)。

在第二周期,决策过程如下:原制造商决定新产品的批发价格和单位专利许可费,以使自己的利润最大化;零售商根据批发价格决定新产品的零售价格,以使自己的利润最大化;第三方再制造商根据单位专利许可费决定再制造程度和再制造产品的零售价格,以使自己的利润最大化。这是一个具有完全信息的动态博弈,因此存在子博弈完美纳什均衡,我们可以用逆向归纳法来解决它。

由本章附件部分我们可以证明式(7.12)中的 $\Pi_{2T}(P_{2T}, y)$ 是关于 P_{2T} 和 y 的联合凹函数,此外,$\delta(1-P_{1R}) - \frac{\theta P_{2R} - P_{2T} - \rho y}{\theta(1-\theta)}$ 关于 P_{2T} 和 y 均是线性的,故式(7.12)关于 P_{2T} 和 y 有唯一最优解。

式(7.12)的拉格朗日函数为

$$L(P_{2T}, y, \lambda_T) = -(P_{2T} - f - B - C_T)\frac{\theta P_{2R} - P_{2T} - \rho y}{\theta(1-\theta)}$$
$$+ \frac{1}{2}\xi(y-\alpha)^2 - \lambda_T[\delta(1-P_{1R}) - \frac{\theta P_{2R} - P_{2T} - \rho y}{\theta(1-\theta)}] \quad (7.17)$$

基于式（7.17）的求解过程见本章附件部分。

第一组均衡解（当 $\frac{\theta P_{2R} - P_{2T} - \rho y}{\theta(1-\theta)} = \delta(1-P_{1R})$ 时）为

$$\begin{cases} f^{1*}(P_{1R}) = \dfrac{2(\theta-1)\theta\xi[C_m - 1 + 4\delta(-1 + P_{1R} + \theta - \theta P_{1R})] - \delta\rho^2(P_{1R}-1)(3\theta-4)}{\xi(\theta-1)(\theta-4)} \\[6pt] P_{2T}^{1*}(P_{1R}) = \dfrac{(\theta-1)\theta\xi[-C_m - 3 + 4\delta(-1+P_{1R})(-1+\theta)+\theta] - \alpha\xi\rho(\theta-4)(\theta-1)}{\xi(\theta-1)(\theta-4)} \\[6pt] \phantom{P_{2T}^{1*}(P_{1R}) =} -\delta\rho^2(P_{1R}-1)[4+(\theta-6)\theta] \\[6pt] y^{1*}(P_{1R}) = \alpha + \dfrac{\rho\delta(-1+P_{1R})}{\xi} \\[6pt] W_2^{1*}(P_{1R}) = \dfrac{(\theta-1)\xi[-2 + C_m(\theta-2) + 2\delta\theta(-1+P_{1R}+\theta-\theta P_{1R})]}{\xi(\theta-1)(\theta-4)} \\[6pt] \phantom{W_2^{1*}(P_{1R}) =} -\delta\rho^2(-1+P_{1R})(-2+\theta) \\[6pt] P_{2R}^{1*}(P_{1R}) = \dfrac{\xi(\theta-1)[-3 - C_m + (1+\delta(P_{1R}-1)(\theta-1))\theta] + \delta\rho^2(P_{1R}-1)}{\xi(\theta-1)(\theta-4)} \\[6pt] \lambda_T^{1*}(P_{1R}) = \dfrac{B\xi(\theta-4) + C_T\xi(\theta-4) + \theta\xi[3C_m + (-1+\delta(P_{1R}-1)(\theta-16))(-1+\theta)]}{\xi(\theta-4)} \\[6pt] \phantom{\lambda_T^{1*}(P_{1R}) =} +\alpha\xi\rho(\theta-4) + \delta\rho^2(\theta-8) \end{cases} \quad (7.18)$$

原制造商、零售商和第三方再制造商的相应利润为

$$\Pi_{2M}^{1*}(P_{1R}) = \frac{1}{(\theta-4)^2(\theta-1)^2\xi^2}\{2(\theta-1)^2[1+C_m^2 + (P_{1R}-1)\delta(\theta-1)\theta(2+(P_{1R}-1)$$
$$\delta(7\theta-16)) + 2C_m(-1+\delta\theta(P_{1R}-1+\theta-P_{1R}\theta))]\xi^2 + (P_{1R}-1)\delta(\theta-1)$$
$$[8(P_{1R}-1)\delta(\theta-2)(\theta-1) + \theta - C_m\theta]\xi\rho^2 + (P_{1R}-1)^2\delta^2(\theta-2)\rho^4\} \quad (7.19)$$

$$\Pi_{2R}^{1*}(P_{1R}) = \frac{\{(-1+\theta)[-1+C_m - 3(-1+P_{1R})\delta\theta]\xi - (-1+P_{1R})\delta\rho^2\}^2}{(-4+\theta)^2(1-\theta)\xi^2} \quad (7.20)$$

$$\Pi_{2T}^{1*}(P_{1R}) = \frac{(P_{1R}-1)\delta\xi\{2[B(\theta-4)+C_T(\theta-4)+(3C_m - (1+12\delta(P_{1R}-1))(\theta-1))\theta]}{2(\theta-4)\xi}$$
$$\phantom{\Pi_{2T}^{1*}(P_{1R}) =} +2\alpha(\theta-4)\xi\rho + (P_{1R}-1)\delta(\theta-12)\rho^2\} \quad (7.21)$$

定理 7.2 如果 $\dfrac{\theta P_{2R} - P_{2T} - \rho y}{\theta(1-\theta)} = \delta(1 - P_{1R})$，原制造商、零售商和第三方再制造商在第二周期的均衡决策为式（7.18）中的（$f^{1*}(P_{1R})$，$W_2^{1*}(P_{1R})$，$P_{2R}^{1*}(P_{1R})$，$P_{2T}^{1*}(P_{1R})$，$y^{1*}(P_{1R})$），第二周期中原制造商、零售商和第三方再制造商的均衡利润为式（7.19）、式（7.20）、式（7.21）中的（$\Pi_{2M}^{1*}(P_{1R})$，$\Pi_{2R}^{1*}(P_{1R})$，$\Pi_{2T}^{1*}(P_{1R})$）。

第二组均衡解（当 $\dfrac{\theta P_{2R} - P_{2T} - \rho y}{\theta(1-\theta)} < \delta(1 - P_{1R})$ 时）为

$$\begin{cases} f^{2*} = \dfrac{\begin{array}{l}2\xi\theta(\theta-1)^2[4(B+C_T)+\theta(C_m-5)]+\rho^2[-4(B+C_T)+(5+3B-C_m+3C_T)\theta \\ +(2C_m-5)\theta^2]+\alpha\rho^3(3\theta-4)\end{array}}{(\theta-1)[\xi\theta(\theta-16)(\theta-1)+\rho^2(\theta-8)]} \\[2pt] P_{2T}^{2*} = \dfrac{\begin{array}{l}\xi\theta(\theta-1)^2[-4(B+C_T)-\theta(11+C_m)+\theta^2]-\alpha\theta\xi\rho(\theta-12)(\theta-1)^2 \\ +\rho^2[4(B+C_T)-\theta(6B+6C_T+C_m-5)+\theta^2(B+2C_m+C_T-5)] \\ +\alpha\rho^3(3\theta-4)\end{array}}{(\theta-1)[\xi\theta(\theta-16)(\theta-1)+\rho^2(\theta-8)]} \\[2pt] y^{2*} = \dfrac{\alpha(\theta-16)(\theta-1)\theta\xi+4\rho(B+C_T)+\theta\rho(\theta-1-B-3C_m-C_T)-4\alpha\rho^2}{\xi\theta(\theta-16)(\theta-1)+\rho^2(\theta-8)} \\[2pt] W_2^{2*} = \dfrac{\begin{array}{l}\xi\theta(\theta-1)^2[2(B-4-4C_m+C_T)+\theta(C_m-2)]+2\alpha\theta\xi\rho(\theta-1)^2 \\ +\rho^2[4-2C_T+B(\theta-2)+C_m(\theta-2)^2-3\theta+\theta(C_T-\theta)]+\alpha\rho^3(\theta-2)\end{array}}{(\theta-1)[\xi\theta(\theta-16)(\theta-1)+\rho^2(\theta-8)]} \\[2pt] P_{2R}^{2*} = -\dfrac{\begin{array}{l}\xi\theta(\theta-1)^2(12+B+4C_m+C_T-2\theta)+\alpha\theta\xi\rho(\theta-1)^2 \\ +\rho^2[B-6+C_T+C_m(\theta-2)+7\theta-\theta^2]+\alpha\rho^3\end{array}}{(\theta-1)[\xi\theta(\theta-16)(\theta-1)+\rho^2(\theta-8)]} \\[2pt] \lambda_T^{2*} = 0 \end{cases} \quad (7.22)$$

原制造商、零售商和第三方再制造商的相应利润为

$$\Pi_{2M}^{2*} = \dfrac{1}{(1-\theta)[(\theta-16)(\theta-1)\theta\xi+(\theta-8)\rho^2]^2}$$

$$\begin{Bmatrix}\dfrac{\begin{array}{l}((4+3B+3C_T+C_m(\theta-4)-4\theta)(\theta-1)\theta\xi+3\alpha(\theta-1)\theta\xi\rho+(2+B+C_T+C_m(\theta-2)\\-2\theta)\rho^2+\alpha\rho^3)(-2(-4+B+4C_m+C_T-\theta)(-1+\theta)^2\theta\xi-2\alpha(-1+\theta)^2\theta\xi\rho\\+(2(-2+B+2C_m+C_T)-(-3+B+5C_m+C_T)\theta+\theta^2)\rho^2-\alpha(-2+\theta)\rho^3)\end{array}}{\theta-1} \\ -\xi(B(-4+\theta)+C_T(-4+\theta)+(1+3C_m-\theta)\theta+\alpha(-4+\theta)\rho)(2(-1+\theta)^2 \\ \theta(4(B+C_T)+(-5+C_m)\theta)\xi+8\alpha(-1+\theta)^2\theta\xi\rho+(-4(B+C_T) \\ +(5+3B-C_m+3C_T)\theta+(-5+2C_m)\theta^2)\rho^2+\alpha(-4+3\theta)\rho^3)\end{Bmatrix}$$

$$(7.23)$$

$$\Pi_{2R}^{2*} = -\frac{[(4+3B+3C_T+C_m(\theta-4)-4\theta)(\theta-1)\theta\xi + 3\alpha(\theta-1)\xi\rho + (2+B+C_T+C_m(\theta-2)-2\theta)\rho^2 + \alpha\rho^3]^2}{(\theta-1)[(\theta-16)(\theta-1)\xi + (\theta-8)\rho^2]^2}$$
（7.24）

$$\Pi_{2T}^{2*} = -\frac{\xi[B(\theta-4)+C_T(\theta-4)+(1+3C_m-\theta)\theta+\alpha(\theta-4)\rho]^2[2(\theta-1)\theta\xi+\rho^2]}{2[(\theta-16)(\theta-1)\xi+(\theta-8)\rho^2]^2}$$
（7.25）

定理 7.3 如果 $\frac{\theta P_{2R} - P_{2T} - \rho y}{\theta(1-\theta)} < \delta(1-P_{1R})$，第二周期中原制造商、零售商和第三方再制造商的均衡决策为式（7.22）中的（f^{2*}，W_2^{2*}，P_{2R}^{2*}，P_{2T}^{2*}，y^{2*}），第二周期中原制造商、零售商和第三方再制造商的均衡利润为式（7.23）、式（7.24）、式（7.25）中的（Π_{2M}^{2*}，Π_{2R}^{2*}，Π_{2T}^{2*}）。

7.3.2 比较静态分析

我们对第二周期的均衡结果进行比较静态分析。根据分析，我们可以得到以下结果（所有的证明都在本章附件部分）。

性质 7.1 在第一组均衡解（$\frac{\theta P_{2R} - P_{2T} - \rho y}{\theta(1-\theta)} = \delta(1-P_{1R})$）中，关于单位专利许可费与消费者对再制造程度的关注程度、再制造执行效率之间的关系，我们有以下结果。

（1）单位专利许可费随着消费者对再制造程度的关注程度的增加而降低（i.e., $\frac{\partial f^{1*}}{\partial \rho} < 0$）。

（2）单位专利许可费随着再制造执行效率的提高而降低（i.e., $\frac{\partial f^{1*}}{\partial \xi} > 0$）。

从性质 7.1 可以发现，随着消费者对再制造程度的关注程度的增加，原制造商将降低单位专利许可费；随着第三方再制造商的再制造执行效率的降低，原制造商将提高单位专利许可费。

性质 7.2 在第一组均衡解（$\frac{\theta P_{2R} - P_{2T} - \rho y}{\theta(1-\theta)} = \delta(1-P_{1R})$）中，为了获得再制造产品的零售价格与消费者对再制造程度的关注程度、再制造执行效率的关系，我们得到以下结果。

（1）当 $0 < \theta < 3-\sqrt{5}$ 时，再制造产品的零售价格随着消费者对再制造程度的

关注程度的增加而提高（i.e., $\frac{\partial P_{2T}^{1*}}{\partial \rho} > 0$）；当 $3-\sqrt{5} \leqslant \theta < 1$ 时，再制造产品的零售价格随着消费者对再制造程度的关注程度的增加而降低（i.e., $\frac{\partial P_{2T}^{1*}}{\partial \rho} \leqslant 0$）。

（2）当 $0 < \theta < 3-\sqrt{5}$ 时，再制造产品的零售价格随着再制造执行效率的提高而提高（i.e., $\frac{\partial P_{2T}^{1*}}{\partial \xi} < 0$）；当 $3-\sqrt{5} \leqslant \theta < 1$ 时，再制造产品的零售价格随着再制造执行效率的提高而降低（i.e., $\frac{\partial P_{2T}^{1*}}{\partial \xi} \geqslant 0$）。

性质 7.2 指出：①当消费者对再制造产品的接受程度小于 $3-\sqrt{5}$ 时，随着消费者对再制造程度的关注程度的增加，第三方再制造将提高再制造产品的零售价格；当消费者对再制造产品的接受程度超过 $3-\sqrt{5}$ 时，随着消费者对再制造程度的关注程度的增加，第三方再制造将降低再制造产品的零售价格。②当消费者对再制造产品的接受程度小于 $3-\sqrt{5}$ 时，随着第三方再制造商的再制造执行效率的降低，第三方再制造商将降低再制造产品的零售价格；当消费者对再制造产品的接受程度超过 $3-\sqrt{5}$ 时，随着第三方再制造商的再制造执行效率的降低，第三方再制造商将提高再制造产品的零售价格。

性质 7.3 在第一组均衡解（$\frac{\theta P_{2R} - P_{2T} - \rho y}{\theta(1-\theta)} = \delta(1-P_{1R})$）中，关于再制造产品的再制造程度与消费者对再制造程度的关注程度、再制造执行效率的关系，我们有以下结果。

（1）再制造产品的再制造程度随着消费者对再制造程度的关注程度的增加而提高（i.e., $\frac{\partial y^{1*}}{\partial \rho} > 0$）。

（2）再制造产品的再制造程度随着再制造执行效率的降低而降低（i.e., $\frac{\partial y^{1*}}{\partial \xi} < 0$）。

性质 7.3 表明，随着消费者对再制造程度的关注程度的增加，第三方再制造商将提高再制造产品的再制造程度；随着第三方再制造商的再制造执行效率的降低，第三方再制造商将降低再制造产品的再制造程度。

性质 7.4 在第一组均衡解（$\frac{\theta P_{2R} - P_{2T} - \rho y}{\theta(1-\theta)} = \delta(1-P_{1R})$）中，关于新产品的批发价格与消费者对再制造程度的关注程度、再制造执行效率的关系，我们有以下结果。

（1）第二周期新产品的批发价格随着消费者对再制造程度的关注程度的增加而下降（i.e.，$\frac{\partial W_2^{1*}}{\partial \rho} < 0$）。

（2）第二周期新产品的批发价格随着再制造执行效率的提高而降低（i.e.，$\frac{\partial W_2^{1*}}{\partial \xi} > 0$）。

从性质 7.4 可以发现，随着消费者对再制造程度的关注程度的提高，原制造商将降低新产品的批发价格；随着第三方再制造商的再制造执行效率的降低，原制造商将提高新产品的批发价格。

性质 7.5 在第一组均衡解（$\frac{\theta P_{2R} - P_{2T} - \rho y}{\theta(1-\theta)} = \delta(1 - P_{1R})$）中，关于第二周期新产品的零售价格与消费者对再制造程度的关注程度、再制造执行效率的关系，我们有以下结果。

（1）第二周期新产品的零售价格随着消费者对再制造程度的关注程度的增加而降低（i.e.，$\frac{\partial P_{2R}^{1*}}{\partial \rho} < 0$）。

（2）第二周期新产品的零售价格随着再制造执行效率的提高而降低（i.e.，$\frac{\partial P_{2R}^{1*}}{\partial \xi} > 0$）。

性质 7.5 表明，随着消费者对再制造程度的关注程度的增加，零售商将降低新产品的零售价格；随着第三方再制造商的再制造执行效率的降低，零售商将提高新产品的零售价格。

7.4 数值分析

在本节中，我们使用一些参数来证明上述理论结果。我们将参数的默认值设置如下：$\theta = 0.8$，$\delta = 0.6$，$C_m = 0.2$，$C_T = 0.001$，$B = 0.001$，$\alpha = 0.8$，$\rho = 0.03$，$\xi = 2$，$P_{1R} = 2$。

在第一组均衡解（$\frac{\theta P_{2R} - P_{2T} - \rho y}{\theta(1-\theta)} = \delta(1 - P_{1R})$）中，我们分析参数 θ 和 P_{1R} 对均衡解的影响，如图 7.2 和图 7.3 所示。

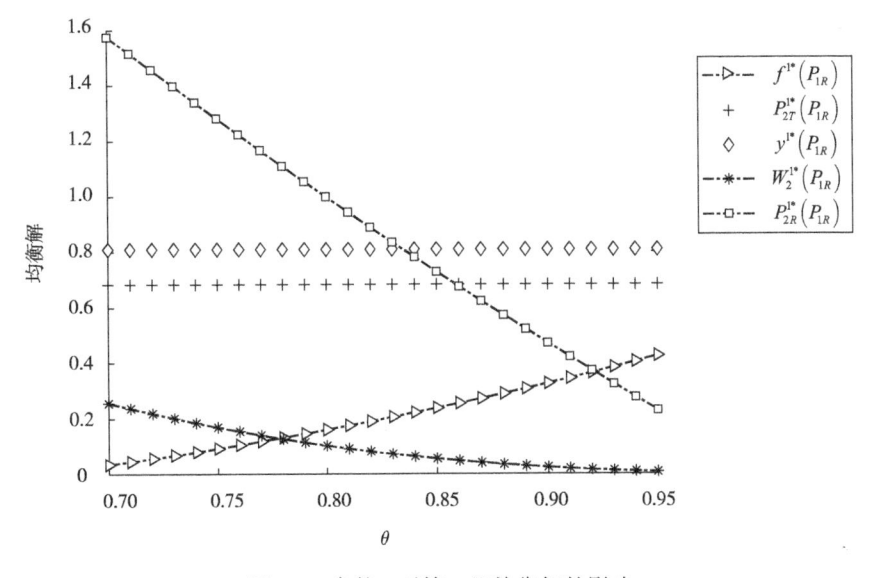

图 7.2 参数 θ 对第一组均衡解的影响

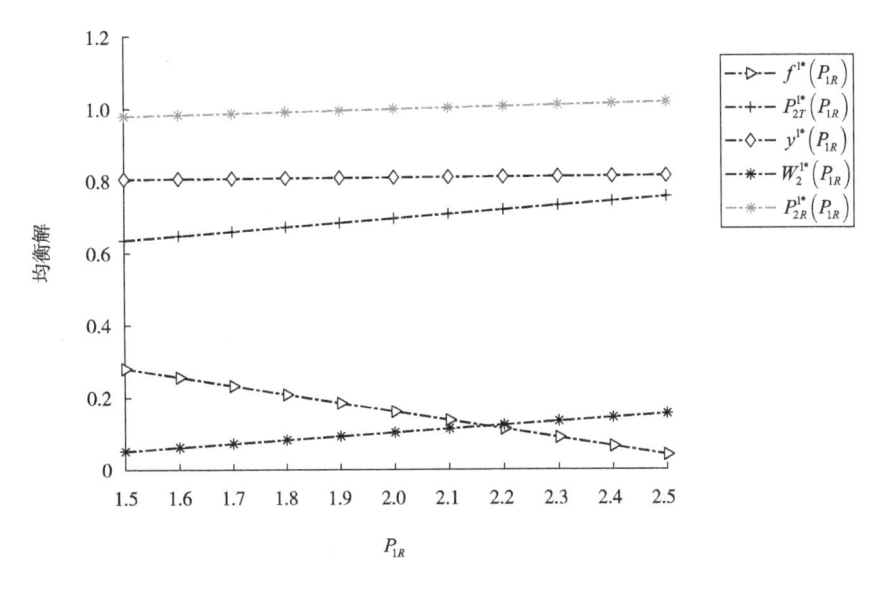

图 7.3 参数 P_{1R} 对第一组均衡解的影响

从图 7.2 我们可以得到以下结论。

结论 7.1 随着消费者对再制造产品接受程度的提高，单位专利许可费和再制造产品的零售价格均有所提高；第二周期新产品的零售价格和批发价格均有所下降，再制造程度不变，低于再制造程度的临界点。这是因为随着消费者对再制造产品接受程度的提高，第三方再制造商将提高再制造产品的零售价格以增加自己的收入,所以原制造商提高单位专利许可费以分享第三方再制造商增加的收入,并降低第二周期新产品的批发价格,以鼓励零售商向其购买新产品。另外,零售商降低第二周期新产品的零售价格,以增加新产品的需求。

由图 7.3 我们可以得到以下结论。

结论 7.2 随着第一周期新产品销售价格的提高,单位专利许可费降低;新产品和再制造产品的销售价格、第二周期新产品的批发价格和再制造产品的再制造程度都有所提高,但始终低于再制造程度的临界点。这是因为一方面,随着第一周期新产品销售价格的提高,第一周期新产品的需求量减少,导致废旧产品回收量减少,从而使得第三方再制造商提高再制造产品的销售价格和再制造产品的再制造程度,以增加自己的利润,而原制造商通过降低单位专利许可费来鼓励第三方再制造商回收废旧产品进行再制造;另一方面,随着再制造产品零售价格的提高,第二周期新产品的需求增加,零售商提高新产品的零售价格以增加自己的利润,原制造商则提高新产品的批发价格以分享增加的利润。

在第二组均衡解($\frac{\theta P_{2R} - P_{2T} - \rho y}{\theta(1-\theta)} < \delta(1-P_{1R})$)中,我们分析参数 θ、ρ、ξ 对均衡解的影响,如图 7.4~图 7.6 所示。

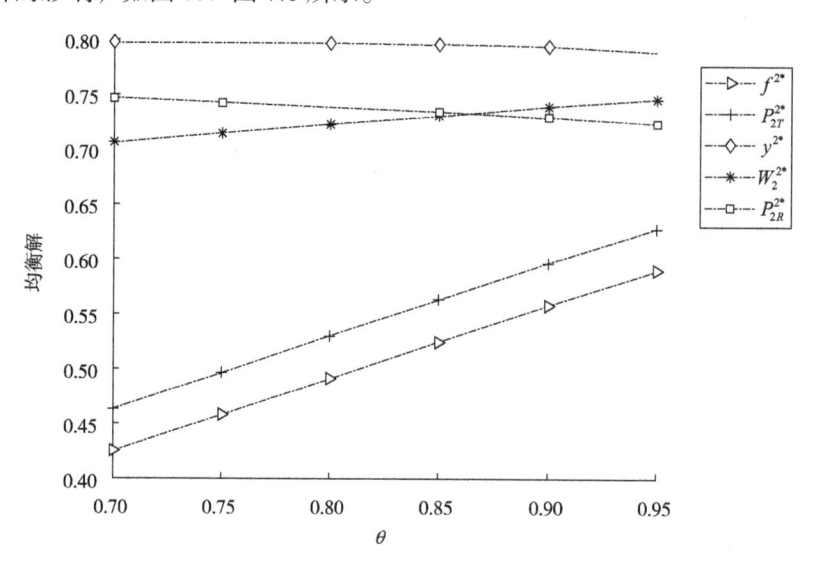

图 7.4 参数 θ 对第二组均衡解的影响

由图 7.4 我们可得以下结论。

图 7.5　参数 ρ 对第二组均衡解的影响

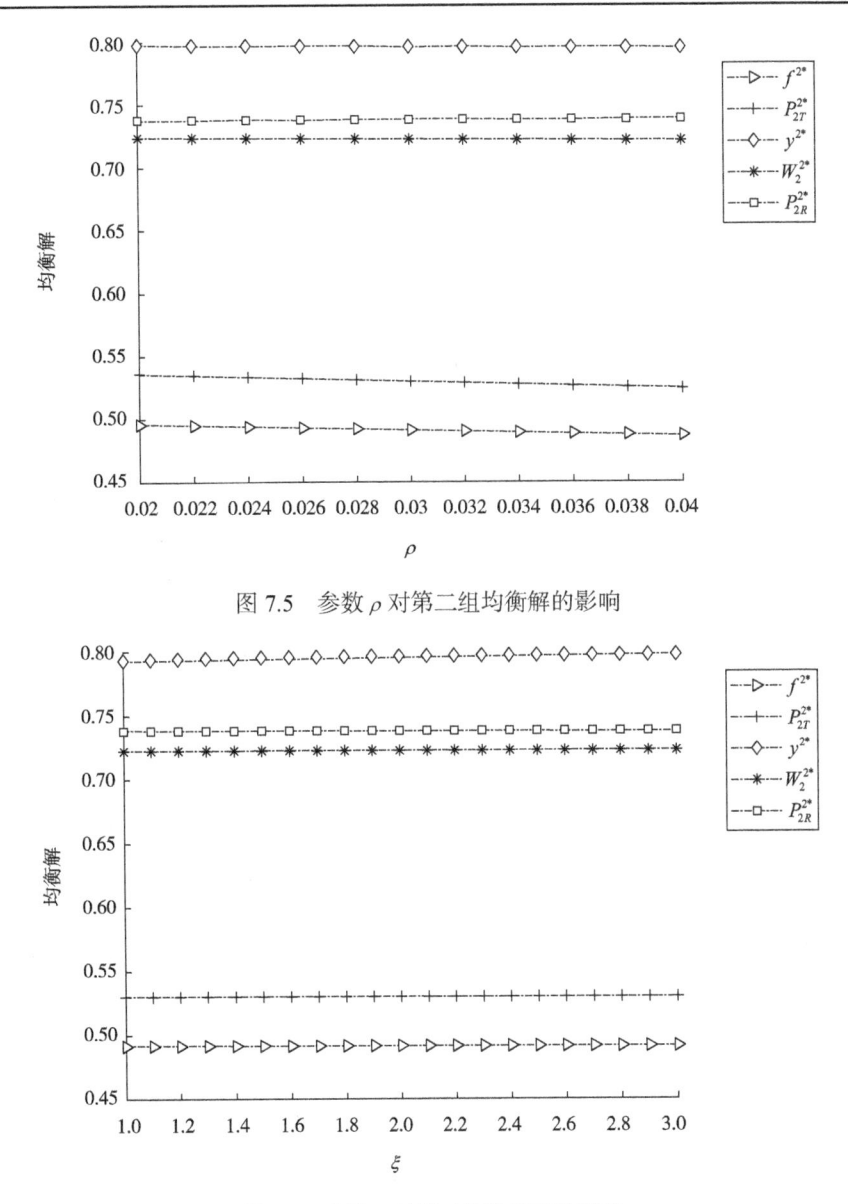

图 7.6　参数 ξ 对第二组均衡解的影响

结论 7.3　随着消费者对再制造产品的接受程度的提高，单位专利许可费、再制造产品的零售价格和第二周期新产品的批发价格均有所提高，而第二周期再制造产品的再制造程度和新产品的零售价格均有所下降，再制造程度始终低于再制造程度的临界点。这是因为一方面，随着消费者对再制造产品接受程度的提高，再制造产品的需求增加，因此第三方再制造商通过提高再制造产品的零售价格和再制造程度以增加自己的利润,而原制造商通过提高单位专利许可费以分享第三方再制造商的利润增长;另一方面,第二周期新产品的需求减少,零售商通过降低第二周期新产品的零售价格增加新产品的需求,而原制造商提高第二周期新产品的批发价格,增加自己的利润。

由图 7.5 可得以下结论。

结论 7.4 随着消费者对再制造程度的关注程度的增加,单位专利许可费、再制造产品的零售价格、再制造产品的再制造程度和第二周期新产品的批发价格均有所下降,第二周期新产品的零售价格上涨,再制造程度始终低于再制造程度的临界点。这是因为一方面,随着消费者对再制造程度的关注程度的增加,第三方再制造商将降低再制造程度和再制造产品的零售价格,以增加再制造产品的需求,因此原制造商降低单位专利许可费,以鼓励第三方再制造商回收废旧产品进行再制造;另一方面,随着消费者对再制造程度的关注程度的增加,第二周期新产品的需求增加,零售商从而提高了新产品的零售价格,增加自己的利润,而原制造商在第二周期降低了新产品的批发价格,从而鼓励零售商生产新产品。

由图 7.6 可得以下结论。

结论 7.5 随着第三方再制造商的再制造执行效率的提高,再制造产品的再制造程度增加,单位专利许可费、再制造产品的零售价格、第二周期新产品的批发价格和零售价格均略有增加,再制造程度始终低于再制造程度的临界点。这是因为一方面,随着第三方再制造商的再制造执行效率的提高,当再制造程度低于再制造程度的临界点时,再制造程度增加,因此再制造产品的需求减少,然后第三方再制造商提高再制造产品的零售价格以增加自己的利润,而原制造商通过提高单位专利许可费以增加自己的利润;另一方面,随着第三方再制造商的再制造执行效率的提高,第二周期新产品的需求增加,零售商在第二周期提高新产品的零售价格以增加自己的利润,而原制造商在第二周期提高新产品的批发价格以增加自己的利润。

7.5 本 章 小 结

本章讨论了专利保护下考虑再制造程度的新产品和再制造产品的定价问题。通过两周期模型和 Stackelberg 博弈模型,得到约束优化问题和无约束优化问题两种情况下的均衡价格和再制造程度。我们用比较静态分析来分析消费者对再制造程度的关注程度和再制造执行效率对约束情况下均衡决策的影响。此外,本章还进行了数值分析,分析了消费者对再制造产品的接受程度和第一周期新产品的零售价格对约束情况下均衡决策的影响，分析了消费者对再制造产品的接受程度、消费者对再制造程度的关注程度和第三方再制造执行效率对无约束情况下均衡决策的影响。

研究发现：①消费者对再制造产品的接受程度与第二周期的单位专利许可费、再制造产品的零售价格和新产品的批发价格呈正相关关系，但与第二周期新产品的零售价格呈负相关关系；②新产品第一周期的销售价格与第二周期的单位专利许可费和新产品的批发价格呈负相关关系，但与第二周期新产品和再制造产品的销售价格、再制造产品的再制造程度呈正相关关系；③消费者对再制造程度的关注程度与单位专利许可费、再制造产品的零售价格、再制造产品的再制造程度和第二周期新产品的批发价格呈负相关关系，但与第二周期的新产品的零售价格呈正相关关系；④第三方再制造商的再制造执行效率与单位专利许可费、再制造产品的零售价格、再制造产品的再制造程度、第二周期新产品的批发价格和零售价格呈正相关关系。

总之，我们可以回答7.1节中提出的研究问题：①原制造商应根据消费者对再制造产品的接受程度、消费者对再制造程度的关注程度和第一周期新产品的销售价格，设定单位专利许可费；②第三方再制造商需要根据第一周期新产品的销售价格、消费者对再制造程度的关注程度和第三方再制造商的再制造执行效率来确定再制造产品的再制造程度；③消费者可根据对再制造产品的接受程度，在新产品和再制造产品之间做出采购决策。

本章对再制造决策和专利许可方面的文献做出了贡献。据笔者所知，本章是运营管理文献中第一篇探讨专利保护下考虑再制造程度的两个周期再制造决策的研究问题的章节，它刻画了专利许可对再制造活动的影响，可以帮助企业做出再制造和专利许可的决策，促进再制造和知识产权保护的发展。上述结果背后的管理启示是，原制造商和第三方再制造商需要根据消费者对再制造产品的接受程度和消费者对再制造程度的关注程度，以及第一周期新产品的销售价格和第三方再制造商的再制造执行效率，做出第二周期的定价和再制造决策。消费者在新产品和再制造产品之间的购买选择决策不仅取决于他们对再制造产品的接受程度和对再制造程度的关注程度，还取决于第一周期新产品的销售价格和第三方再制造商的再制造执行效率。

未来可以继续的研究如下：①本章提出了一个两周期模型。然而，在现实中，一些类型的再制造产品可以重新制造。因此，分析多周期再制造模型是很有意义的。②我们的模型没有考虑产品质量。事实上，新产品和再制造产品质量水平将影响消费者的购买决策，因此我们可以在环境中增加质量问题，以供进一步探索。③我们假设所有供应链成员都是公平中性的。然而，供应链的每一方都关心自己的利益是否在实践中得到保护，因此，我们模型中的公平关切问题值得进一步研究。

本 章 附 件

1）式（7.12）中 $\Pi_{2T}(P_{2T}, y)$ 关于 P_{2T} 和 y 的凹性的证明

$\Pi_{2T}(P_{2T}, y)$ 和 $\delta(1-P_{1R}) - \dfrac{\theta P_{2R} - P_{2T} - \rho y}{\theta(1-\theta)}$ 关于 P_{2T} 和 y 的海塞矩阵为

$$H = \begin{bmatrix} \dfrac{2}{\theta(\theta-1)} & \dfrac{\rho}{\theta(\theta-1)} \\ \dfrac{\rho}{\theta(\theta-1)} & -\xi \end{bmatrix}$$

其中，一阶主子式 $\dfrac{2}{\theta(\theta-1)} < 0$，行列式 $\dfrac{-2\xi}{\theta(\theta-1)} - \dfrac{\rho^2}{\theta^2(\theta-1)^2} = -\dfrac{2(\theta-1)\theta\xi + \rho^2}{\theta^2(\theta-1)^2}$。

在假设 7.3 中我们假设 $\xi > \dfrac{\rho^2}{2\theta(1-\theta)}$，因此，$-\dfrac{2(\theta-1)\theta\xi + \rho^2}{\theta^2(\theta-1)^2} > 0$，故式（7.12）中的 $\Pi_{2T}(P_{2T}, y)$ 是关于 P_{2T} 和 y 的严格联合凹函数。

2）第二周期优化问题的求解过程

式（7.17）的 K-T 条件为

$$\begin{cases} \dfrac{\partial L(P_{2T}, y, \lambda_T)}{\partial P_{2T}} = \dfrac{2P_{2T} - \theta P_{2R} + \rho y - f - B - C_T - \lambda_T}{\theta(1-\theta)} = 0 \\ \dfrac{\partial L(P_{2T}, y, \lambda_T)}{\partial y} = \dfrac{\rho(P_{2T} - f - B - C_T)}{\theta(1-\theta)} + \xi(y-\alpha) - \dfrac{\rho\lambda_T}{\theta(1-\theta)} = 0 \\ \delta(1-P_{1R}) - \dfrac{\theta P_{2R} - P_{2T} - \rho y}{\theta(1-\theta)} \geqslant 0, \ \lambda_T \geqslant 0, \ \lambda_T[\delta(1-P_{1R}) - \dfrac{\theta P_{2R} - P_{2T} - \rho y}{\theta(1-\theta)}] = 0 \end{cases}$$

（A1）

同时，求解式（A1）中的方程可得

$$\begin{cases} P_{2T}(f) = \dfrac{\theta(\theta-1)(B + C_T + f + \theta P_{2R} + \lambda_T)\xi - \alpha\theta\xi\rho(\theta-1) + \rho^2(B + C_T + f + \lambda_T)}{\rho^2 - 2\xi\theta(1-\theta)} \\ y(f) = \dfrac{2\alpha(\theta-1)\theta\xi - \rho(B + C_T + f + \lambda_T - \theta P_{2R})}{\rho^2 - 2\xi\theta(1-\theta)} \end{cases}$$

（A2）

将式（A2）代入式（7.10）可得

$$\max \Pi_{2M}(W_2,f) = (P_{2R}-1)(C_m-W_2) + \frac{[f+(C_m-W_2)\theta]\xi(B+C_T+f}{2(\theta-1)\theta\xi+\rho^2} \quad (A3)$$

$\Pi_{2M}(W_2,f)$ 关于 f 的二阶偏导为 $\frac{\partial \Pi_{2M}^2(W_2,f)}{\partial f^2} = \frac{2\xi}{\rho^2+2\theta\xi(\theta-1)}$，我们在 7.2 节假设 $\xi > \frac{\rho^2}{2\theta(1-\theta)}$，故 $\frac{\partial \Pi_{2M}^2(W_2,f)}{\partial f^2} < 0$，因此式（A3）中的 $\Pi_{2M}(W_2,f)$ 是关于 f 的严格凹函数，那么式（A3）有唯一最优解，通过式（A3）中 $\Pi_{2M}(W_2,f)$ 关于 f 的一阶条件我们可得

$$f = \frac{[-B-C_T+\theta(P_{2R}+W_2-C_m)-\alpha\rho-\lambda_T]}{2} \quad (A4)$$

将式（A4）代入式（A2）可得

$$P_{2T} = \frac{\xi\theta(\theta-1)[B+C_T+\theta(3P_{2R}+W_2-C_m)+\lambda_T]+\rho^2[B+C_T+\theta(P_{2R}+W_2-C_m)+\lambda_T]-3\alpha\rho\xi(\theta-1)-\alpha\rho^3}{2[\rho^2+2\xi\theta(\theta-1)]} \quad (A5)$$

$$y = \frac{-\rho[B+C_T-\theta(P_{2R}-W_2+C_m)+\lambda_T]+\alpha[4(\theta-1)\theta\xi+\rho^2]}{2[\rho^2+2\xi\theta(\theta-1)]} \quad (A6)$$

式（7.11）中 $\Pi_{2R}(P_{2R})$ 关于 P_{2R} 的二阶偏导数 $\frac{\partial \Pi_{2R}^2(P_{2R})}{\partial P_{2R}^2} = \frac{2}{\theta-1} < 0$，故式（7.11）中 $\Pi_{2R}(P_{2R})$ 是关于 P_{2R} 的严格凹函数，那么式（7.11）有关于 P_{2R} 唯一最优解。式（7.11）关于 P_{2R} 的一阶条件为

$$\frac{\partial \Pi_{2R}(P_{2R})}{\partial P_{2R}} = \frac{-2P_{2R}+W_2+P_{2T}+1-\theta+\rho y}{1-\theta} = 0 \quad (A7)$$

由式（A7）得到

$$P_{2R} = \frac{W_2+P_{2T}+\rho y-\theta+1}{2} \quad (A8)$$

将式（A8）代入式（7.3）得

$$\max \Pi_{2M}(W_2,f) = \frac{(C_m-W_2)\theta(1+P_{2T}-W_2-\theta+y\rho)-f[P_{2T}(\theta-2)-2y\rho+\theta(1+W_2-\theta+y\rho)]}{2\theta(\theta-1)} \quad (A9)$$

式（A9）中 $\Pi_{2M}(W_2,f)$ 关于 W_2 的二阶偏导数 $\frac{\partial \Pi_{2M}^2(W_2,f)}{\partial W_2^2} = \frac{1}{\theta-1} < 0$，因此，式（A9）中 $\Pi_{2M}(W_2,f)$ 是关于 W_2 的严格凹函数，那么式（A9）有关于 W_2 的唯一最优解。

通过 $\Pi_{2M}(W_2,f)$ 关于 W_2 的一阶条件可得

$$W_2 = \frac{1 + C_m + f + P_{2T} - \theta + \rho y}{2} \quad (A10)$$

将式（A10）代入式（A8）可得

$$P_{2R} = \frac{3 + C_m + f + 3P_{2T} - 3\theta + 3\rho y}{4} \quad (A11)$$

同时，求解式（A4）、式（A5）、式（A6）、式（A10）、式（A11），可得正文中的两组均衡解。

3）性质的证明

（1）性质 7.1 的证明。

$$\frac{\partial f^{1*}}{\partial \rho} = -\frac{2(-1+P_{1R})\delta(-4+3\theta)\rho}{(-4+\theta)(-1+\theta)\xi} < 0 , \quad \frac{\partial f^{1*}}{\partial \xi} = \frac{(-1+P_{1R})\delta(-4+3\theta)\rho^2}{(-4+\theta)(-1+\theta)\xi^2} > 0$$

$$(A12)$$

由式（A12）我们可证明性质 7.1。

（2）性质 7.2 的证明。

$$\frac{\partial P_{2T}^{1*}}{\partial \rho} = -\frac{2(-1+P_{1R})\delta[4+(\theta-6)\theta]\rho}{(-4+\theta)(-1+\theta)\xi} , \quad \frac{\partial P_{2T}^{1*}}{\partial \xi} = \frac{(-1+P_{1R})\delta[4+(\theta-6)\theta]\rho^2}{(-4+\theta)(-1+\theta)\xi^2}$$

$$(A13)$$

由于 $-1+P_{1R} < 0$，$0 < \theta < 1$，由式（A13）我们可以计算得到：当 $0 < \theta < 3-\sqrt{5}$ 时，$\frac{\partial P_{2T}^{1*}}{\partial \rho} > 0$，$\frac{\partial P_{2T}^{1*}}{\partial \xi} < 0$；当 $3-\sqrt{5} \leq \theta < 1$，$\frac{\partial P_{2T}^{1*}}{\partial \rho} \leq 0$，$\frac{\partial P_{2T}^{1*}}{\partial \xi} \geq 0$，可证明性质 7.2。

（3）性质 7.3 的证明。

$$\frac{\partial y^{1*}}{\partial \rho} = \frac{\delta(1-P_{1R})}{\xi} > 0 , \quad \frac{\partial y^{1*}}{\partial \xi} = -\frac{\delta\rho(1-P_{1R})}{\xi^2} < 0 \quad (A14)$$

由式（A14）我们可证明性质 7.3。

（4）性质 7.4 的证明。

$$\frac{\partial W_2^{1*}}{\partial \rho} = -\frac{2(-1+P_{1R})\delta(-2+\theta)\rho}{(-4+\theta)(-1+\theta)\xi} < 0, \quad \frac{\partial W_2^{1*}}{\partial \xi} = \frac{(-1+P_{1R})\delta(-2+\theta)\rho^2}{(-4+\theta)(-1+\theta)\xi^2} > 0 \quad (A15)$$

由式（A15）我们可证明性质 7.4。

（5）性质 7.5 的证明。

$$\frac{\partial P_{2R}^{1*}}{\partial \rho} = \frac{2(-1+P_{1R})\delta\rho}{(-4+\theta)(-1+\theta)\xi} < 0, \quad \frac{\partial P_{2R}^{1*}}{\partial \xi} = -\frac{(-1+P_{1R})\delta\rho^2}{(-4+\theta)(-1+\theta)\xi^2} > 0 \quad (A16)$$

由式（A16）我们可证明性质 7.5。

8 考虑再制造产品质量水平和专利保护的闭环供应链战略联盟决策

8.1 引言

近年来，全球变暖、资源短缺的问题越发严重，环保问题获得了越来越多的关注，越来越多的人愿意出售闲置的废旧产品和购买更加环保的再制造产品。目前，由于存在再制造产品边际利润较低、占用企业资源及影响企业主营业务等诸多不利因素，许多原制造商不愿参与再制造业务。然而，当第三方企业私自进行再制造时，就会产生侵犯原制造商知识产权的隐患，故第三方再制造商往往需要向原制造商缴纳专利许可费用。从供应链角度分析，集中化决策往往比分散化决策具有更好的经济效益和社会效益，然而，随着供应链成员的增多、供应链结构的复杂，供应链成员间的联盟不可避免，因此，本章将探讨闭环供应链中第三方再制造商的最优联盟的选择决策问题。

8.2 问题描述

本章考虑一个原制造商、一个第三方再制造商和一个零售商组成的闭环供应链，原制造商负责生产新产品，第三方再制造商负责回收废旧产品进行再制造，零售商从原制造商批发新产品和从第三方再制造商批发再制造产品并负责销售。

假设新产品和再制造产品的质量存在差异，且消费者能够辨识。新产品的质量为 s；再制造产品的质量为 αs，其中 $\alpha \in (0,1)$ 表示再制造产品的质量水平，假设再制造产品的质量水平 α 是外生变量，受废旧产品的质量、模块化程度及再制造商技术水平等诸多因素影响。

假设每位消费者最多购买一件商品，如某消费者购买了新产品，就不会再购买再制造产品，购买了再制造产品亦然。

假设新产品和再制造产品的零售价格分别为 p_n、p_r，批发价格分别为 ω_n、ω_r。新产品的成本主要包括生产新产品所需要投入的固定资产折旧，以及新产品材料和生产装配等费用，为简化分析这里用单位成本 c_n 来表示；在现实生活中，回收的废旧产品质量不尽相同，导致回收再制造成为一个复杂性很高的过程，很难用一个单独的参数来表述再制造中所涉及的成本，而再制造产品的成本主要包括给消费者的返还成本，废旧品的回收、拆卸、检查成本，以及再生产成本，本章用单位成本 c_r 来表示。

假设某产品的市场需求由一组异质消费者构成，某消费者个体对产品质量的偏好系数为 θ，且 θ 均匀分布在 $[0,1]$ 上，故 θ 的概率密度为 $f(\theta)=1$。那么，产品质量偏好系数为 θ 的顾客对新产品的支付意愿为 θs，对再制造产品的支付意愿为 $\theta \alpha s$，以此类推，顾客购买新产品和再制造产品的效用分别为 $u_n=\theta s-p_n$，$u_r=\theta \alpha s-p_r$。

假设原制造商拥有产品的专利权，且不参与旧产品的回收再制造业务，而是通过专利授权的方式让第三方再制造商进行回收再制造。专利授权一般有两种收费方式，即单位专利许可费、固定专利许可费。本章使用单位专利许可费，即第三方再制造商每生产一件再制造产品都需向原制造商缴纳一单位的专利许可费，这里将单位专利许可费记为 t。

假设该闭环供应链中的成员具备足够的生产制造能力，且能准确预测市场需求量，生产的产品都能进入市场。也就是说，新产品和再制造产品的生产量与其市场需求量相等，分别用 q_n 和 q_r 表示。

引理 8.1 质量偏好为 $\left[\dfrac{p_r}{\alpha s},\dfrac{p_n-p_r}{s(1-\alpha)}\right]$ 的顾客会购买再制造产品，质量偏好为 $\left[\dfrac{p_n-p_r}{s(1-\alpha)},1\right]$ 的顾客会选择购买新产品。

证明：有顾客选择再制造产品的条件为 $u_r>u_n$ 且 $u_r>0$，即 $\theta\alpha s-p_r>\theta s-p_n$，$\theta\alpha s-p_r>0$，求得 θ 的范围为 $\dfrac{p_r}{\alpha s}<\theta<\dfrac{p_n-p_r}{s(1-\alpha)}$。当且仅当 $\dfrac{p_r}{\alpha s}<\dfrac{p_n-p_r}{s(1-\alpha)}$ 时，该不等式有解，求得 $p_n\alpha>p_r$。故在 $p_n\alpha>p_r$ 的前提下，质量偏好满足 $\dfrac{p_r}{\alpha s}<\theta<\dfrac{p_n-p_r}{s(1-\alpha)}$ 的顾客会购买再制造产品。

购买新产品需满足条件 $u_n>u_r$ 且 $u_n>0$，即 $\theta s-p_n>\theta\alpha s-p_r$，$\theta s-p_n>0$。求得 $\theta>\max\left\{\dfrac{p_n-p_r}{s(1-\alpha)},\dfrac{p_n}{s}\right\}$。本章是在新产品和再制造产品都有市场的情形下进行讨

论,消费者购买再制造产品的前提条件是 $\frac{p_r}{p_n}<\alpha<1$,那么易知 $\max\left\{\frac{p_n-p_r}{s(1-\alpha)},\frac{p_n}{s}\right\}=\frac{p_n-p_r}{s(1-\alpha)}$,故 $\theta>\frac{p_n-p_r}{s(1-\alpha)}$,又因为 θ 分布在 $[0,1]$ 上,故 $\frac{p_n-p_r}{s(1-\alpha)}<\theta\leqslant 1$。证明完毕。

根据引理 8.1,可求出新产品和再制造产品的需求函数为

$$q_n = \int_{\frac{p_n-p_r}{s(1-\alpha)}}^{1} f(\theta)\mathrm{d}\theta = 1 - \frac{p_n-p_r}{s(1-\alpha)} \tag{8.1}$$

$$q_r = \int_{\frac{p_r}{\alpha s}}^{\frac{p_n-p_r}{s(1-\alpha)}} f(\theta)\mathrm{d}\theta = \frac{p_n-p_r}{s(1-\alpha)} - \frac{p_r}{\alpha s} \tag{8.2}$$

根据式(8.1)和式(8.2)可知,新产品和再制造产品的需求受到新产品的零售价格、再制造产品的零售价格及再制造产品的质量水平三方面的影响。

8.3 闭环供应链的决策模型[①]

考虑以下四种决策模型:①无联盟(D 模型),闭环供应链中的各个成员以各自的最优利润为目标进行决策;②原制造商与第三方再制造商联盟(MP 模型),原制造商与第三方再制造商组成一个决策主体,并以该联盟的最优利润为目标进行决策;③零售商与第三方再制造商联盟(RP 模型);④原制造商、零售商和第三方再制造商组成的联盟(C 模型),即集中决策情形,该闭环供应链统一决策以获取该供应链的总体最优利润。以上四种不同联盟结构的闭环供应链模型如图 8.1 所示。

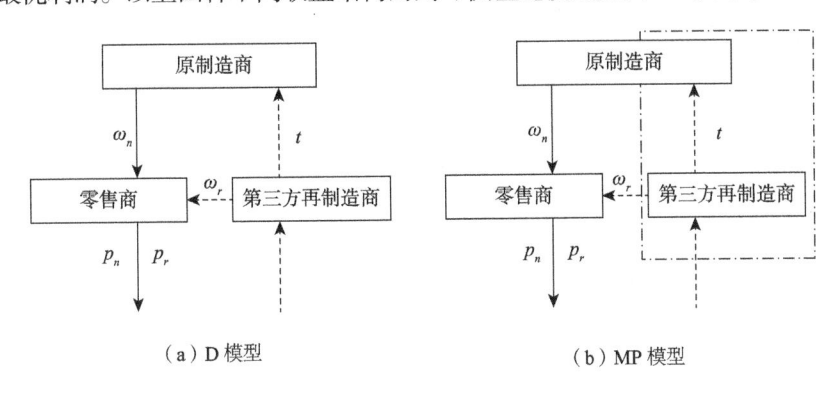

(a) D 模型　　　　　　　　　　(b) MP 模型

[①] 符号表示:在本章中,将最优解记为 $()^*$,将不同模型的相关结果记为 $()^A$,$A\in\{D,MP,RP,C\}$。

（c）RP 模型　　　　　　　　　（d）C 模型

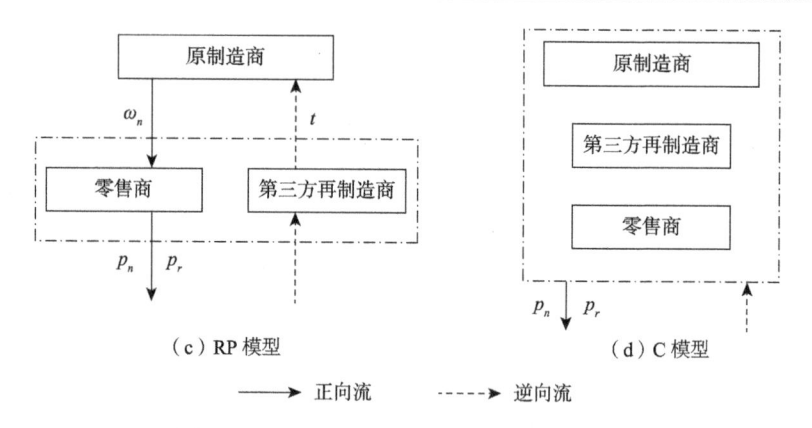

——→ 正向流　　----→ 逆向流

图 8.1　四种不同联盟结构的闭环供应链模型

8.3.1　无联盟：D 模型

在无联盟的情形下，该闭环供应链中的各个成员为了各自的利润最大化进行决策。原制造商的利润来自两部分：一部分是生产新产品并批发给零售商；另一部分是收取第三方再制造商的专利许可费，故原制造商的利润函数为 $\max \Pi_m^D(\omega_n, t) = (\omega_n - c_n)q_n + q_r t$。零售商的利润来自新产品和再制造产品的销售，那么零售商的利润函数为 $\max \Pi_r^D(p_n, p_r) = (p_n - \omega_n)q_n + (p_r - \omega_r)q_r$。第三方再制造商的利润途径是对废旧产品进行再制造，因此第三方再制造商的利润函数为 $\max \Pi_p^D(\omega_r) = (\omega_r - c_r - t)q_r$。故 D 模型供应链中各成员的利润函数分别为

$$\max \Pi_m^D(\omega_n, t) = (\omega_n - c_n)q_n + q_r t \tag{8.3}$$

$$\text{s.t.} \begin{cases} \max \Pi_p^D(\omega_r) = (\omega_r - c_r - t)q_r \\ \max \Pi_r^D(p_n, p_r) = (p_n - \omega_n)q_n + (p_r - \omega_r)q_r \end{cases} \tag{8.4}$$

可将该闭环供应链分为正向供应链和逆向供应链：在正向供应链中，原制造商作为领导者决定新产品的批发价格 ω_n，原制造商确定批发价格之后，零售商再确定新产品的零售价格 p_n；在逆向供应链中，原制造商依旧作为领导者先确定每单位再制造产品的专利许可费 t，然后第三方再制造商确定再制造产品的批发价格 ω_r，最后零售商确定再制造产品的零售价格 p_r。

以上闭环供应链符合 Stackelberg 博弈模型，根据逆向归纳法，先求出零售商关于 p_n, p_r 的海塞矩阵：$H_1 = \begin{bmatrix} -\dfrac{2}{s-s\alpha} & \dfrac{2}{s-s\alpha} \\ \dfrac{2}{s-s\alpha} & -\dfrac{2}{s\alpha-s\alpha^2} \end{bmatrix}$，该海塞矩阵为负定，那么 Π_r 是关

于 p_n, p_r 的严格凹函数，根据 $\frac{\partial \Pi_r^D}{\partial p_n}=0$，$\frac{\partial \Pi_r^D}{\partial p_r}=0$ 联立方程得 $p_n=\frac{s+\omega_n}{2}$，$p_r=\frac{s\alpha+\omega_r}{2}$。

第三方再制造商是第二优先决策，将 $p_n=\frac{s+\omega_n}{2}$，$p_r=\frac{s\alpha+\omega_r}{2}$ 代入 Π_p^D 中，$\frac{\partial^2 \Pi_p^D}{\partial \omega_r^2}=-\frac{1}{s(1-\alpha)\alpha}<0$，那么 Π_p^D 存在极大值，根据 $\frac{\partial \Pi_p^D}{\partial \omega_r}=0$ 求得 $\omega_r=\frac{t+c_r+\alpha\omega_n}{2}$。

原制造商的海塞矩阵 $\boldsymbol{H}_2=\begin{bmatrix} -\dfrac{2-\alpha}{2s(1-\alpha)} & \dfrac{1}{2s(1-\alpha)} \\ \dfrac{1}{2s(1-\alpha)} & -\dfrac{1}{2s\alpha(1-\alpha)} \end{bmatrix}$，该海塞矩阵为负定，那么 Π_r^D 是关于 ω_n, t 的严格凹函数，根据 $\frac{\partial \Pi_r^D}{\partial p_n}=0$，$\frac{\partial \Pi_r^D}{\partial p_r}=0$ 联立方程得 $\omega_n=\frac{s+c_n}{2}$，$t=\frac{s\alpha-c_r}{2}$。引理 8.2 给出了 D 模型的最优决策结果。

引理 8.2 在 D 模型中，该闭环供应链的最优决策为：新产品的最优零售价格为 $p_n^{D*}=\frac{1}{4}(3s+c_n)$；再制造产品的最优零售价格为 $p_r^{D*}=\frac{1}{8}(6s\alpha+\alpha c_n+c_r)$；新产品的最优批发价格为 $\omega_n^{D*}=\frac{s+c_n}{2}$；再制造产品的最优批发价格为 $\omega_r^{D*}=\frac{1}{4}(2s\alpha+\alpha c_n+c_r)$；每单位再制造产品的最优专利许可费为 $t^{D*}=\frac{s\alpha-c_r}{2}$。新产品的最优销售量为 $q_n^{D*}=\frac{2s-2s\alpha-2c_n+\alpha c_n+c_r}{8s-8s\alpha}$；再制造产品的最优销售量为 $q_r^{D*}=\frac{\alpha c_n-c_r}{8s\alpha-8s\alpha^2}$。将上述结果代入对应的利润函数可得：原制造商最优利润为 $\Pi_m^{D*}=\frac{2s^2(1-\alpha)\alpha+(2-\alpha)\alpha c_n^2+c_r^2-2\alpha c_n(2s(1-\alpha)+c_r)}{16s(1-\alpha)\alpha}$；第三方再制造商的最优利润为 $\Pi_p^{D*}=\frac{(\alpha c_n-c_r)^2}{32s(1-\alpha)\alpha}$；零售商的最优利润为 $\Pi_r^{D*}=\frac{4s^2(1-\alpha)\alpha+\alpha(4-3\alpha)c_n^2+c_r^2-2\alpha c_n(4s(1-\alpha)+c_r)}{64s(1-\alpha)\alpha}$；该闭环供应链总利润为

$$\varPi_T^{D*} = \frac{(24sc_n - 12s^2 - 5c_n^2)\alpha^2 + \alpha(12s^2 + 12c_n^2 - 2c_n(12s + 7c_r)) + 7c_r^2}{64s(1-\alpha)\alpha}。$$

由于需满足 $q_n^{D*}, q_r^{D*} > 0$，故以下的讨论均在 $\frac{c_r}{c_n} < \alpha < \frac{2(s-c_n)+c_r}{2s-c_n}$ 的范围内进行。由引理 8.2 可知：

（1）在 D 模型中，新产品的最优批发价格和零售价格并不会受到再制造产品质量水平 α 的影响，而再制造产品质量水平 α 仅会对新产品的销售量产生影响，新产品的销售量会因 α 的增大而减小。这是因为新产品的批发价格和零售价格主要由新产品的成本、原制造商和零售商的期望利润决定，与再制造产品的利润无关。在零售价格确定的情况下，更高的再制造产品质量会提高购买再制造产品的效用，由于该商品具有排他性，较高的再制造产品质量会减少新产品的销售量。再制造产品的零售价格、批发价格、销售量及原制造商利润、零售商利润和闭环供应链总利润都随再制造产品质量的提升而增加。

（2）每单位再制造产品的最优专利许可费与再制造产品质量水平呈正相关关系。这是因为再制造产品质量的提高会导致新产品的销售量降低，而批发价格和新产品的制造成本则不受再制造产品质量水平影响，且新产品与再制造产品的销售量受再制造产品质量的影响相当，所以生产新产品收入降低的情况下原制造商必然会提高专利许可费以获得最优利润。

（3）该闭环供应链的各成员利润存在关系 $\varPi_m^{D*} = 2\varPi_r^{D*} + \varPi_p^{D*}$，表明原制造商的利润占供应链利润的大部分，且超过了该闭环供应链利润的一半。

8.3.2 原制造商与第三方再制造商联盟：MP 模型

在 MP 模型中，原制造商和第三方再制造商组成联盟进行决策。首先，原制造商和第三方再制造商组成的联盟确定新产品和再制造产品的批发价格 $\omega_n、\omega_r$；其次，零售商针对该联盟的决策选择自己的新产品和再制造产品的零售价格。利润函数与上面的类似，直接给出：

$$\max \varPi_{mp}^{MP}(\omega_n, \omega_r) = (\omega_n - c_n)q_n + (\omega_r - c_r)q_r \quad (8.5)$$

$$\text{s.t.} \max \varPi_r^{MP}(p_n, p_r) = (p_n - \omega_n)q_n + (p_r - \omega_r)q_r \quad (8.6)$$

在该闭环供应链中，零售商作为追随者，其利润函数关于 p_n, p_r 的海塞矩阵为 $\boldsymbol{H}_3 = \begin{bmatrix} -\dfrac{2}{s-s\alpha} & \dfrac{2}{s-s\alpha} \\ \dfrac{2}{s-s\alpha} & -\dfrac{2}{s\alpha-s\alpha^2} \end{bmatrix}$，该矩阵为负定，那么存在极大值。根据

$\frac{\partial \Pi_r^{\text{MP}}}{\partial p_n} = 0, \frac{\partial \Pi_r^{\text{MP}}}{\partial p_r} = 0$，求得

$$p_n = \frac{s + \omega_n}{2}, p_r = \frac{s\alpha + \omega_r}{2} \qquad (8.7)$$

将式（8.7）代入 Π_{mp}^{MP} 中，其关于 ω_n, ω_r 的海塞矩阵为 $H_4 = \begin{bmatrix} -\frac{1}{s(1-\alpha)} & \frac{1}{s(1-\alpha)} \\ \frac{1}{s(1-\alpha)} & -\frac{1}{s(1-\alpha)\alpha} \end{bmatrix}$，且该矩阵为负定，根据 $\frac{\partial \Pi_{mp}^{\text{MP}}}{\partial \omega_n} = 0, \frac{\partial \Pi_{mp}^{\text{MP}}}{\partial \omega_r} = 0$ 联立方程，求得 $\omega_n = \frac{s + c_n}{2}, \omega_r = \frac{s\alpha + c_r}{2}$。闭环供应链的最优决策在引理 8.3 中给出。

引理 8.3 在 MP 模型中，该闭环供应链的最优决策为：新产品的最优零售价格为 $p_n^{\text{MP*}} = \frac{3s + c_n}{4}$；再制造产品的最优零售价格为 $p_r^{\text{MP*}} = \frac{3s\alpha + c_r}{4}$；新产品的最优批发价格为 $\omega_n^{\text{MP*}} = \frac{s + c_n}{2}$；再制造产品的最优批发价格为 $\omega_r^{\text{MP*}} = \frac{s\alpha + c_r}{2}$。求得新产品的最优销售量为 $q_n^{\text{MP*}} = \frac{s - s\alpha - c_n + c_r}{4s - 4s\alpha}$；再制造产品的最优销售量为 $q_r^{\text{MP*}} = \frac{\alpha c_n - c_r}{4s\alpha - 4s\alpha^2}$；零售商的最优利润为 $\Pi_r^{\text{MP*}} = \Pi_1$；原制造商和第三方再制造商组成的联盟最优利润为 $\Pi_{mp}^{MP*} = 2\Pi_1$；该闭环供应链的最优利润为 $\Pi_T^{\text{MP*}} = 3\Pi_1$。其中，$\Pi_1 = \frac{s^2(1-\alpha)\alpha + \alpha c_n^2 + c_r^2 - 2\alpha c_n(s - s\alpha + c_r)}{16s(1-\alpha)\alpha}$。

由于需满足 $q_n^{\text{MP*}}, q_r^{\text{MP*}} > 0$，下面的讨论在 $\frac{c_r}{c_n} < \alpha < \frac{s - c_n + c_r}{s}$ 的范围内进行。

由引理 8.3 可知：在 MP 模型中，随着 α 的增大，新产品的销售量将会下降；再制造产品的销售量、再制造产品的批发价格和零售价格、原制造商和零售商的利润及供应链总利润均会随着 α 的递增而递增。该闭环供应链中各成员的利润存在关系 $\Pi_m^{\text{MP*}} + \Pi_p^{\text{MP*}} = 2\Pi_r^{\text{MP*}}$，与 D 模型相比可以看出，原制造商与第三方再制造商的联盟会扩大零售商在该闭环供应链中的利润占比。

8.3.3 零售商与第三方再制造商联盟：RP 模型

在 RP 模型中，零售商与第三方再制造商组成联盟，以该联盟的最优利润为目标进行决策。由于在正向供应链上零售商是追随者，在逆向供应链上第三方再

制造商也是追随者，零售商和第三方再制造商组成的联盟在该闭环供应链中依旧作为追随者。那么，该闭环供应链的决策顺序为：原制造商选择新产品的批发价格及每单位再制造产品的专利许可费，然后 RP 联盟决定新产品和再制造产品的零售价格。与上文类似，这里直接给出利润函数为

$$\max \Pi_m^{RP}(\omega_n, t) = (\omega_n - c_n)q_n + tq_r \tag{8.8}$$

$$\max \Pi_{rp}^{RP}(p_n, p_r) = (p_n - \omega_n)q_n + (p_r - c_r - t)q_r \tag{8.9}$$

该闭环供应链的决策符合 Stackelberg 博弈模型，零售商与第三方再制造商组成的联盟在该博弈中作为追随者，其关于 p_n, p_r 的海塞矩阵为

$$H_5 = \begin{bmatrix} -\dfrac{2}{s-s\alpha} & \dfrac{2}{s-s\alpha} \\ \dfrac{2}{s-s\alpha} & -\dfrac{2}{s\alpha - s\alpha^2} \end{bmatrix}$$

，该矩阵为负定。根据 $\dfrac{\partial \Pi_{rp}^{RP}}{\partial p_n} = 0, \dfrac{\partial \Pi_{rp}^{RP}}{\partial p_r} = 0$，求得 $p_n = \dfrac{s + \omega_n}{2}, p_r = \dfrac{t + s\alpha + c_r}{2}$。

原制造商的海塞矩阵为 $H_6 = \begin{bmatrix} -\dfrac{1}{s(1-\alpha)} & \dfrac{1}{s(1-\alpha)} \\ \dfrac{1}{s(1-\alpha)} & -\dfrac{1}{s(1-\alpha)\alpha} \end{bmatrix}$，该矩阵为负定。根据

$\dfrac{\partial \Pi_m^{RP}}{\partial \omega_n} = 0, \dfrac{\partial \Pi_m^{RP}}{\partial t} = 0$，求得 $\omega_n = \dfrac{s + c_n}{2}, t = \dfrac{s\alpha - c_r}{2}$。将上述最优代入对应的利润函数中，可求得对应的最优利润，在引理 8.4 中给出。

引理 8.4 在 RP 模型中，该闭环供应链的最优决策为：新产品的最优零售价格为 $p_n^{RP*} = \dfrac{3s + c_n}{4}$；再制造产品的最优零售价格为 $p_r^{RP*} = \dfrac{3s\alpha + c_r}{4}$；新产品的最优批发价格为 $\omega_n^{RP*} = \dfrac{s + c_n}{2}$；每单位再制造产品的最优专利许可费为 $t^{RP*} = \dfrac{s\alpha - c_r}{2}$。求得新产品的最优销售量为 $q_n^{RP*} = \dfrac{s - s\alpha - c_n + c_r}{4s - 4s\alpha}$；再制造产品的最优销售量为 $q_r^{RP*} = \dfrac{\alpha c_n - c_r}{4s\alpha - 4s\alpha^2}$；原制造商的最优利润为 $\Pi_m^{RP*} = 2\Pi_1$；零售商和第三方再制造商组成的联盟最优利润为 $\Pi_{rp}^{RP*} = \Pi_1$；该闭环供应链的最优利润为 $\Pi_T^{RP*} = 3\Pi_1$。其中，$\Pi_1 = \dfrac{s^2(1-\alpha)\alpha + \alpha c_n^2 + c_r^2 - 2\alpha c_n(s - s\alpha + c_r)}{16s(1-\alpha)\alpha}$。

与引理 8.3 类似，新产品和再制造产品的最优销售量有约束条件 $q_n^{RP*}, q_r^{RP*} > 0$，

仍然是在 $\frac{c_r}{c_n} < \alpha < \frac{s-c_n+c_r}{s}$ 的范围内进行讨论。由引理 8.4 可知，RP 模型中新产品的最优零售价格、最优批发价格和再制造产品的最优零售价格决策与 MP 模型中的最优决策完全一致。闭环供应链中各成员最优利润的关系存在差异，在 RP 模型存在关系 $\Pi_m^{RP*} = 2(\Pi_p^{RP*} + \Pi_r^{RP*})$，原制造商的利润占该闭环供应链总利润的 $\frac{2}{3}$，大于 D 模型和 MP 模型中的比例。零售商与第三方再制造商的联盟将扩大原制造商在该闭环供应链中的利润占比。

8.3.4 原制造商、零售商和第三方再制造商组成的联盟：C 模型

在集中化决策模型中，原制造商、零售商及第三方再制造商密切合作，三者之间信息完全共享，并以实现供应链的最大收益作为目标。此时，闭环供应链的利润函数如下：

$$\max \Pi_{mrp}^C (p_n, p_r) = (p_n - c_n) q_n + (p_r - c_r) q_r \quad (8.10)$$

Π_{mrp} 关于 p_n, p_r 的海塞矩阵为 $\boldsymbol{H}_7 = \begin{bmatrix} -\frac{2}{s-s\alpha} & \frac{2}{s-s\alpha} \\ \frac{2}{s-s\alpha} & -\frac{2}{s\alpha-s\alpha^2} \end{bmatrix}$，该矩阵为负定，那么该利润函数有极大值。根据 $\frac{\partial \Pi_{mrp}^C}{\partial p_n} = 0, \frac{\partial \Pi_{mrp}^C}{\partial p_r} = 0$，求得 $p_n = \frac{s+c_n}{2}$，$p_n = \frac{s+c_n}{2}$。

引理 8.5 C 模型中新产品的最优零售价格 $p_n^{C*} = \frac{s+c_n}{2}$；再制造产品的最优零售价格为 $p_r^{C*} = \frac{s\alpha+c_r}{2}$；新产品和再制造产品的最优销售量分别为 $q_n^{C*} = \frac{s-s\alpha-c_n+c_r}{2s-2s\alpha}$，$q_r^{C*} = \frac{\alpha c_n - c_r}{2s\alpha - 2s\alpha^2}$；该闭环供应链整体的最优利润为 $\Pi_{mrp}^{C*} = 4\Pi_1$。其中，$\Pi_1 = \frac{s^2(1-\alpha)\alpha + \alpha c_n^2 + c_r^2 - 2\alpha c_n(s-s\alpha+c_r)}{16s(1-\alpha)\alpha}$。

结论 8.1 D 模型中 α 需满足条件 $\frac{c_r}{c_n} < \alpha < \frac{2(s-c_n)+c_r}{2s-c_n}$，MP 模型、RP 模型和 C 模型中 α 需满足条件 $\frac{c_r}{c_n} < \alpha < \frac{s-c_n+c_r}{s}$。

结论 8.1 表明，α 需在一定的范围内，以上模型才能成立。当再制造产品的质量水平低于阈值 $\dfrac{c_r}{c_n}$ 时，再制造产品的质量与新产品有相当大的差距，过低的质量水平不能吸引消费者的购买欲望，此时再制造产品将没有市场需求；由引理 8.1~引理 8.3 可知，再制造产品质量的提高会降低新产品的需求，那么当再制造产品的质量水平高于阈值 $\dfrac{2(s-c_n)+c_r}{2s-c_n}$ 或 $\dfrac{s-c_n+c_r}{s}$ 时，再制造产品在质量上与新产品的差距并不明显，且在价格上具有一定的优势，此时新产品的需求将降为零。因此，α 需满足一定条件，以上模型才能成立。

结论 8.2 在 D 模型和 RP 模型中，每单位再制造产品的最优专利许可费满足 $t^{D*}=t^{RP*}$。两种模型中的专利许可费均与再制造产品质量水平呈正相关关系，且在再制造产品质量水平确定时两者相等。

根据结论 8.1 和结论 8.2 中 $t^{D*}=t^{RP*}=\dfrac{s\alpha-c_r}{2}$ 可得，D 模型和 RP 模型中每单位再制造产品的最优专利许可费需满足的取值范围为 $\dfrac{sc_r-c_rc_n}{2c_n}<t^{D*}<\dfrac{2s^2-2sc_n-sc_r+c_rc_n}{2s-2c_n}$，$\dfrac{sc_r-c_rc_n}{2c_n}<t^{RP*}<\dfrac{s-c_n}{2}$。

结论 8.3 在以上几种闭环供应链模式中，新产品的零售价格满足 $p_n^{C*}<p_n^{MP*}=p_n^{RP*}=p_n^{D*}$；再制造产品的零售价格满足 $p_r^{C*}<p_r^{MP*}<p_r^{RP*}<p_r^{D*}$。

证明：根据选择新产品的条件 $u_n=s\theta-p_n$，需满足 $s\theta-p_n>0$，易得出 $s>p_n$。又由于 $p_n>c_n$，易证明 $p_n^{C*}<p_n^{D*}=p_n^{MP*}=p_n^{RP*}$。根据引理 8.2~引理 8.4，新产品和再制造产品的销售量需大于零，有约束条件 $c_n\alpha>c_r$，由以上求得的结果易证明 $p_r^{C*}<p_r^{MP*}=p_r^{RP*}<p_r^{D*}$。

结论 8.3 表明，新产品和再制造产品的零售价格与零售商采取的联盟战略有关。

（1）新产品的零售价格在 C 模型中最低，在 D 模型、MP 模型及 RP 模型中保持一致。这是因为新产品的零售价格主要受零售商和原制造商决策的影响，零售商在 C 模型中与原制造商形成联盟关系，消除了双重边际效应，使得零售价格比其他模型中的零售价格低。在 D 模型、MP 模型和 RP 模型中，正向供应链决策的实际参与者都是原制造商与零售商，且第三方再制造商采取的联盟决策并没有影响到正向供应链结构，因此，D 模型、MP 模型和 RP 模型中新产品的零售价格保持一致。

（2）再制造产品的零售价格由逆向供应链中的参与者决定，在 D 模型中原制造商、零售商和第三方再制造商均没有达成联盟关系，分散程度最高，故零售价格最高；MP 模型和 RP 模型中存在两个参与者联盟的行为，分散程度次之，故零售价格次之；在 C 模型中，闭环供应链中的三个成员组成一个联盟，集中程度最高，彻底消除了双重边际效应，故再制造产品的零售价格最低。

结论 8.4 新产品的批发价格在 D 模型、MP 模型和 RP 模型中均保持一致，且与 C 模型中新产品的零售价格相等，即 $\omega_n^{D*} = \omega_n^{MP*} = \omega_n^{RP*} = p_n^{C*}$；再制造产品的批发价格在 D 模型中高于 MP 模型，即 $\omega_r^{D*} > \omega_r^{MP*}$，且再制造产品的批发价格低于新产品的批发价格。

结论 8.4 表明，新产品的批发价格不受供应链中的联盟行为和再制造产品质量水平影响。因为第三方再制造商与闭环供应链的其他成员组成联盟只会对逆向供应链的决策产生影响，而并不会影响到正向供应链的决策。新产品的批发价格是在正向供应链中由原制造商确定的，D 模型、MP 模型和 RP 模型中原制造商与零售商均没有达成联盟关系，故原制造商会做出相同的决策，同时也印证了结论 8.3 中关于新产品的零售价格论述的正确性。同样地，再制造产品的批发价格由逆向供应链的成员来决定，MP 模型的分散程度低于 D 模型，消除了原制造商和第三方再制造商的双重边际效应，故有 $\omega_r^{MP*} < \omega_r^{D*}$。由于具有更低的再制造产品的批发价格，MP 模型中的再制造产品零售价格低于 D 模型，印证了结论 8.2 的论述。

结论 8.5 在以上几种闭环供应链模式中，再制造产品的需求量满足 $q_r^{C*} > q_r^{MP*} = q_r^{RP*} > q_r^{D*}$。新产品的需求量存在以下关系：当 $\dfrac{c_r}{c_n} < \alpha < \dfrac{2(s-c_n)+3c_r}{2s+c_n}$ 时，$q_n^{C*} > q_n^{D*} > q_n^{MP*} = q_n^{RP*}$；当 $\dfrac{2(s-c_n)+3c_r}{2s+c_n} < \alpha < \dfrac{2(s-c_n)+c_r}{2s-c_n}$ 时，$q_n^{D*} > q_n^{C*} > q_n^{MP*} = q_n^{RP*}$；当 $\dfrac{2(s-c_n)+c_r}{2s-c_n} < \alpha < \dfrac{s-c_n+c_r}{s}$ 时，仅有 $q_n^{D*} > 0$，此时 q_n^{C*}、q_n^{MP*} 和 q_n^{RP*} 均为零。

由引理 8.1 可知，新产品和再制造产品的需求量与新产品的零售价格、再制造产品的零售价格及再制造产品的质量水平三方面相关。根据结论 8.3，MP 模型中的新产品零售价格和再制造产品的零售价格都分别与 RP 模型中的相等，故 MP 模型中新产品和再制造产品的需求量都分别与 RP 模型中的相等。由结论 8.5 可知，C 模型中的新产品的需求量受再制造产品质量水平 α 影响最大，而 D 模型受 α 的影响最小，且当 α 增大到一定程度时仍能维持新产品的需求。因此，相比分散决策，闭环供应链的集中决策往往倾向降低零售价格以促进消费者对产品的需求。

结论 8.6 在同一决策模型中，闭环供应链各成员的利润满足以下关系：在 D 模型中存在关系 $\Pi_m^{D*} = 2\Pi_r^{D*} + \Pi_p^{D*}$；在 MP 模型中，存在 $\Pi_m^{MP*} = 2\Pi_r^{MP*} - \Pi_p^{MP*}$；在 RP 模型中，存在 $\Pi_m^{RP*} = \Pi_r^{RP*} + \Pi_p^{RP*}$。

对不同模型中闭环供应链成员的利润份额进行定义，闭环供应链成员的利润份额指该成员的利润与该闭环供应链总利润的比值，那么 D 模型中原制造商的利

润份额为 $\dfrac{\Pi_m^{D*}}{\Pi_r^{D*}+\Pi_p^{D*}+\Pi_m^{D*}}$。

结论 8.6 表明，在不同的闭环供应链中，各个成员利润份额也不尽相同：①在所有的联盟结构中，原制造商都有最高的利润份额，且都不小于 $\dfrac{1}{3}$（D 模型中的比例超过 $\dfrac{1}{2}$，MP 模型中的比例超过 $\dfrac{1}{3}$，RP 模型中的比例恰好为 $\dfrac{1}{2}$）。这是因为原制造商在正向供应链和逆向供应链中都占据了领导者角色，原制造商往往会制定有利于自身的决策。②原制造商与第三方再制造商组成联盟会增加零售商的利润份额；零售商与第三方再制造商组成联盟也会增加原制造商的利润份额。

结论 8.7 在四种模式中，闭环供应链总利润都随着再制造产品质量水平的递增而递增，且存在以下关系：$\Pi_T^{C*} > \Pi_T^{MP*} = \Pi_T^{RP*} > \Pi_T^{D*}$；在不同决策模型中闭环供应链成员的利润满足以下关系：对于原制造商来说始终存在 $\Pi_m^{RP*} > \Pi_m^{D*}$；对于零售商来说始终存在 $\Pi_r^{MP*} \geqslant \Pi_r^{D*}$。

证明：令 $g(\alpha) = \Pi_T^{MP*} - \Pi_T^{D*}$，可求得 $g(\alpha) = \dfrac{5}{64}A$，显然 $g(\alpha)$ 在 $\alpha \in (0,1)$ 范围内大于零，那么 $\Pi_T^{MP*} > \Pi_T^{D*}$。又 $\Pi_T^{C*} = \dfrac{4}{3}\Pi_T^{MP*} > 0$，故 $\Pi_T^{C*} > \Pi_T^{MP*} = \Pi_T^{RP*} > \Pi_T^{D*}$。其中，$A = \dfrac{5(c_n\alpha - c_r)^2}{64sa(1-\alpha)}$。与上面证明过程类似，根据 $\Pi_m^{RP*} - \Pi_m^{D*} = \dfrac{A}{16} > 0$；$\Pi_r^{MP*} - \Pi_r^{D*} = \dfrac{3}{64}A > 0$，可证明 $\Pi_m^{RP*} > \Pi_m^{D*}$，$\Pi_r^{MP*} \geqslant \Pi_r^{D*}$。

结论 8.7 表明，在未威胁到新产品市场需求的前提下，提高再制造产品的质量，有利于闭环供应链的总利润增加。第三方再制造商采取不同的联盟策略和再制造产品质量策略会对供应链总利润产生影响。闭环供应链总利润在 C 模型中最高，在 MP 模型和 RP 模型中次之，在 D 模型中最低。这是因为该闭环供应链中 C 模型的集中程度最高，而 D 模型的集中程度最低，集中程度高的供应链能以供应链整体最优作为标准进行决策。较高的集中化程度往往能做出更优决策，具体表现在集中化程度高的闭环供应链能够获得更高的总体利润，而且更低的零售价格也有利于消费者，具有更高的社会效益。

8.4 第三方再制造商的战略联盟选择

上述讨论求出了第三方再制造商选择不同联盟决策的最优均衡解，但是没有明确求出第三方再制造商在 MP 模型、RP 模型和 C 模型中的最优利润,无法为第三方再制造商如何选择联盟的问题进行决策帮助。本节将对不同联盟中增量利润的分配问题进行讨论,以确定第三方再制造商选择联盟的决策。

参考郑本荣等(2018)的研究,对联盟的增量利润进行定义:以无联盟的情形为基准,组成联盟后该联盟利润相较于无联盟情形下的增长量,记为 $\Delta \Pi$。以 MP 联盟为例,MP 联盟的增量利润为 $\Delta \Pi^{MP} = \Pi_{mp}^{MP*} - \Pi_m^{D*} - \Pi_p^{D*}$。那么 RP 联盟和 C 联盟的增量利润分别为 $\Delta \Pi^{RP} = \Pi_{rp}^{RP*} - \Pi_r^{D*} - \Pi_p^{D*}$ 和 $\Delta \Pi^{C} = \Pi_{mrp}^{C*} - \Pi_m^{D*} - \Pi_r^{D*} - \Pi_p^{D*}$。在联盟内部的利润分配问题上,假设将 D 模型的利润作为保留利润,根据该联盟中各成员在决策上影响力的大小对增量利润进行分配,供应链中成员在不同决策模型中的决策影响力表示为 $\varphi_b^A, A \in \{MP, RP, C\}, b \in \{m, r, p\}$。下面直接给出不同联盟的增量利润为

$$\Delta \Pi^{MP} = \Pi_{mp}^{MP*} - \Pi_m^{D*} - \Pi_p^{D*} = \frac{A}{32} \tag{8.11}$$

$$\Delta \Pi^{RP} = \Pi_{rp}^{RP*} - \Pi_r^{D*} - \Pi_p^{D*} = \frac{A}{64} \tag{8.12}$$

$$\Delta \Pi^{C} = \Pi_{mrp}^{C*} - \Pi_m^{D*} - \Pi_r^{D*} - \Pi_p^{D*} = \Pi_1 + \frac{5A}{64} \tag{8.13}$$

其中,$\Pi_1 = \dfrac{s^2(1-\alpha)\alpha + \alpha c_n^2 + c_r^2 - 2\alpha c_n(s - s\alpha + c_r)}{16s(1-\alpha)\alpha}$;$A = \dfrac{(\alpha c_n - c_r)^2}{s(1-\alpha)\alpha}$。

由式(8.11)、式(8.12)、式(8.13)可知 $\Delta \Pi^{MP}$、$\Delta \Pi^{RP}$ 和 $\Delta \Pi^{C}$ 均大于零,那么第三方再制造商选择任何一种联盟均可获得增量利润,且第三方再制造商在选择联盟问题上是利润驱动型,即选择能分配到最大增量利润的联盟。那么第三方再制造商选择联盟的机制如下:第三方再制造商选择 MP 联盟的条件为 $\dfrac{\varphi_p^{MP}}{\varphi_p^{RP}} > \dfrac{\Delta \Pi^{RP}}{\Delta \Pi^{MP}}$,且 $\dfrac{\varphi_p^{MP}}{\varphi_p^{C}} > \dfrac{\Delta \Pi^{C}}{\Delta \Pi^{MP}}$;选择 RP 联盟的条件为 $\dfrac{\varphi_p^{RP}}{\varphi_p^{MP}} > \dfrac{\Delta \Pi^{MP}}{\Delta \Pi^{RP}}$,且 $\dfrac{\varphi_p^{RP}}{\varphi_p^{C}} > \dfrac{\Delta \Pi^{C}}{\Delta \Pi^{RP}}$;否则第三方再制造商将选择 C 联盟。

引理 8.6 对第三方再制造商来说,当 $\dfrac{\varphi_p^{MP}}{\varphi_p^{RP}} > \dfrac{1}{2}$,且 $\dfrac{\varphi_p^{MP}}{\varphi_p^{C}} > B$ 时,选择 MP 联盟是占优决策;当 $\dfrac{\varphi_p^{RP}}{\varphi_p^{MP}} > 2$,且 $\dfrac{\varphi_p^{RP}}{\varphi_p^{C}} > \dfrac{B}{2}$ 时,选择 RP 联盟是占优决策;选择 C 联盟的条件则是 $\dfrac{\varphi_p^{C}}{\varphi_p^{MP}} > \dfrac{1}{B}$ 且 $\dfrac{\varphi_p^{C}}{\varphi_p^{RP}} > \dfrac{2}{B}$。其中,$B = \dfrac{9}{2} + \dfrac{2(1-\alpha)\alpha(s-c_n)^2}{(\alpha c_n - c_r)^2}$。

由引理 8.6 可知，第三方再制造商战略联盟选择由再制造产品质量水平 α 及再制造商在联盟中的决策影响力两方面决定。由于对不同联盟增量利润的解析过于繁杂，为了便于分析，假设第三方再制造商在不同联盟结构中具备相同的决策影响力，即 $\varphi_p^{MP} = \varphi_p^{RP} = \varphi_p^{C}$。根据 $\Delta\Pi^C > \Delta\Pi^{MP} > \Delta\Pi^{RP}$，可知此时选择 C 联盟始终是第三方再制造商的占优决策。在现实中，第三方再制造商在不同联盟结构中的决策影响力往往不对称。例如，在 MP 联盟中，第三方再制造商是追随者，决策影响力往往小于原制造商；在 RP 联盟中，第三方再制造商作为领导者，具有较高的决策影响力。针对不同联盟中再制造商决策影响力不对称情形的讨论将在算例分析中给出。

8.5 算例分析

为了更为直观有效地阐述上述分析及验证前述分析的正确性，本节结合数值算例对前述进行分析验证，并进一步补充分析第三方再制造商的战略联盟选择问题。假设 $s = 30$，$c_n = 10$，$c_r = 4$。α 为外生变量，根据结论 8.1，在 D 模型中需满足 $\frac{c_r}{c_n} < \alpha < \frac{2(s-c_n)+c_r}{2s-c_n}$；在 MP 模型、RP 模型和 C 模型中 α 需满足 $\frac{c_r}{c_n} < \alpha < \frac{s-c_n+c_r}{s}$，故 D 模型中 α 的定义域为 $(0.40, 0.88)$，MP 模型、RP 模型和 C 模型中 α 的定义域为 $(0.40, 0.80)$。MP 模型中新产品的需求量、再制造产品的销售量、零售价格及供应链总利润与 RP 模型中相等，那么存在图像重合的情况。[①]

由图 8.2 可见，D 模型、MP 模型与 RP 模型和 C 模型中新产品的销售量均随着再制造产品质量水平的递增而递减，其中 C 模型、MP 模型与 RP 模型均在 $\alpha = 0.80$ 时下降至零，而 D 模型在 $\alpha = 0.85$ 时还大于零。C 模型中新产品的销售量下降的速率最快，MP 模型与 RP 模型下降的速率次之，D 模型新产品销售量下降的速率最慢。根据引理 8.1 的推论，新产品的需求受到新产品的零售价格、再制造产品的零售价格及再制造产品的质量水平三方面的影响，又因为新产品零售价格不变，所以新产品的销售量受再制造产品的零售价格和再制造产品的质量水平的影响，这说明 C 模型的消费者对再制造产品的零售价格和再制造产品质量水平的双重影响具有较高的敏感性，而 D 模型中消费者的敏感性就相对较低，同时 D 模型中 α 的取值范围大于 C 模型、MP 模型与 RP 模型，进一步说明 D 模型具有较低的敏感度。C

[①] 由于存在图像重合的情况，故在图 8.2、图 8.3、图 8.4 和图 8.6 中将 MP 模型和 RP 模型的图像合并，命名为"MP 模型与 RP 模型"。

模型新产品的销售量始终大于 MP 模型与 RP 模型，且 α 在 0.40~0.75 时大于 D 模型，但在 0.75~0.80 时被 D 模型反超。这和结论 8.5 是一致的。

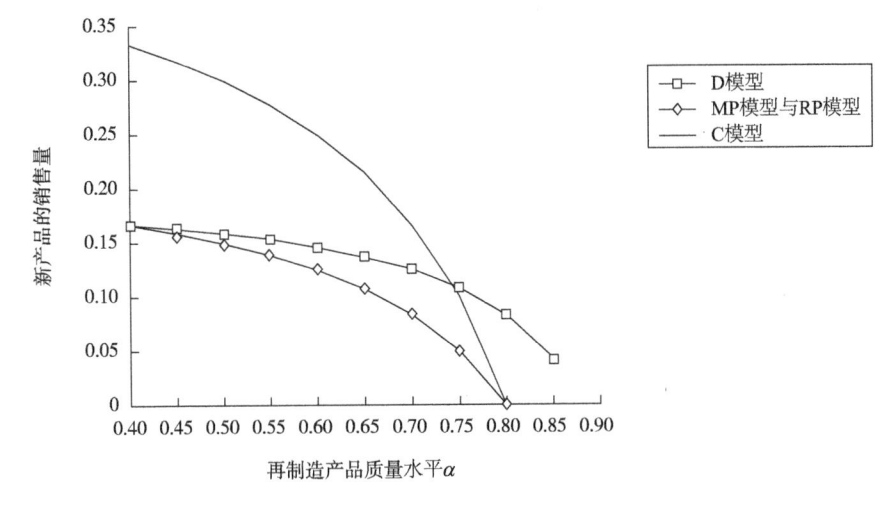

图 8.2　新产品的销售量 α

由图 8.3 可看出，再制造产品的销售量受到闭环供应链的联盟策略和再制造产品质量水平的影响。再制造产品销售量是从 $\alpha=0.40$ 开始的，且在一定范围内随着 α 的递增而递增。在 $0.40<\alpha<0.80$ 时，C 模型再制造产品的销售量最高，MP 模型与 RP 模型次之，D 模型的销售量最低。对比图 8.2 可看出，再制造产品的销售量随 α 增长的速率小于新产品的销售量随 α 下降的速率，说明再制造产品质量提升使新产品的销售量降低的原因是再制造产品蚕食了新产品的市场。

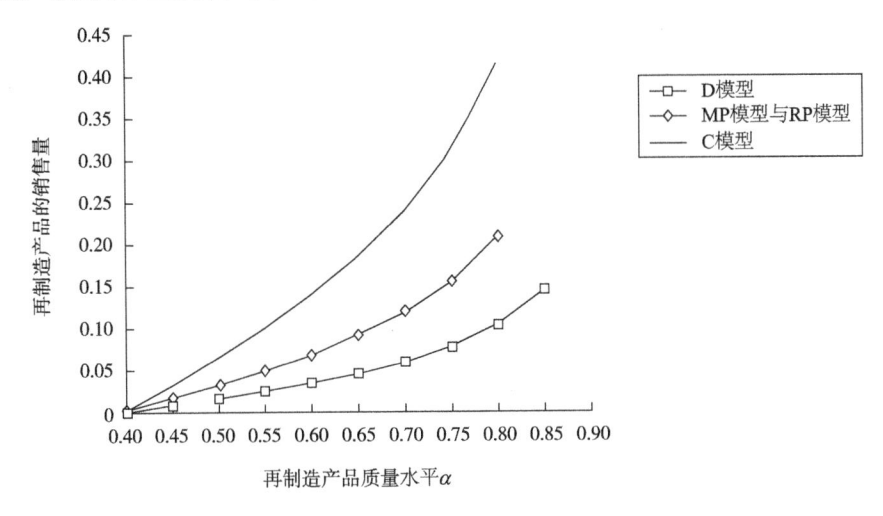

图 8.3　再制造产品的销售量

由图 8.4 可以看出,再制造产品的零售价格和批发价格都随着 α 的递增而递增。D 模型中再制造产品的零售价格是最高的；MP 模型与 RP 模型中再制造产品的零售价格稍低于 D 模型；C 模型中再制造产品的零售价格最低,这说明集中程度高的闭环供应链所做的决策对消费者有利。由图 8.5 可以看出 D 模型中再制造产品的批发价格也高于 MP 模型中再制造产品的批发价格。这和结论 8.4 是一致的。

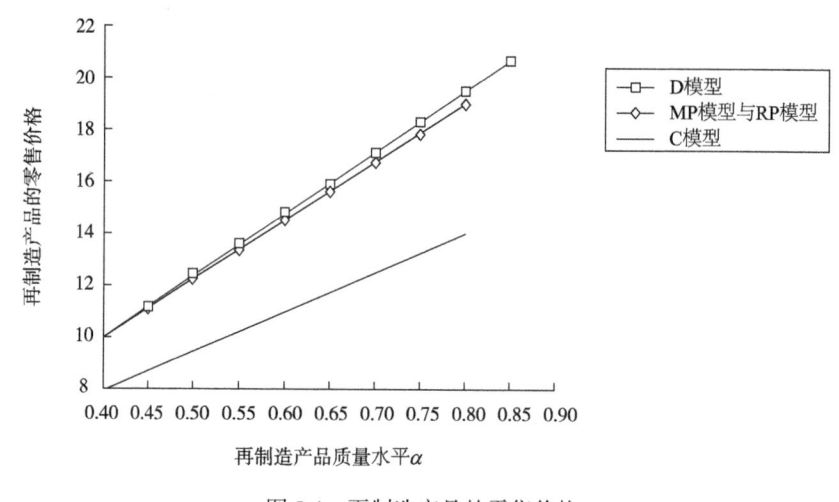

图 8.4　再制造产品的零售价格

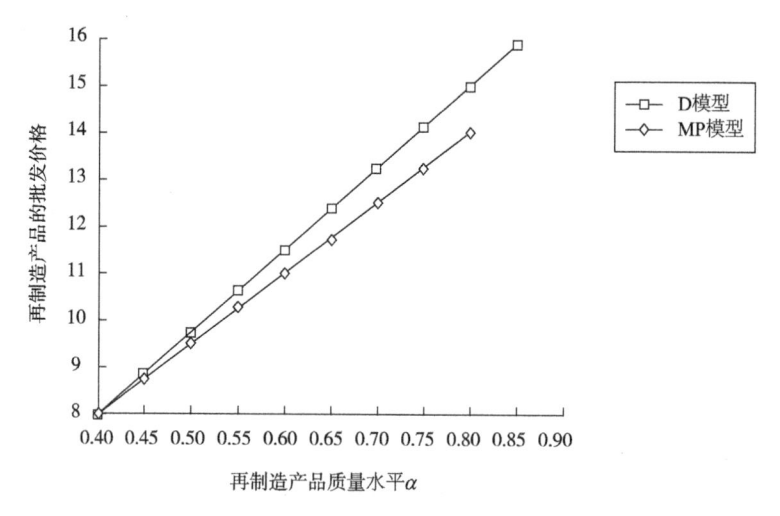

图 8.5　再制造产品的批发价格

由图 8.6 可以看出,供应链总利润受到再制造产品质量水平和闭环供应链中联盟策略的影响,随着再制造产品质量水平的提高,以上四种闭环供应链结构的供应链总利润会随之上升。这是因为再制造产品质量水平的提高能促进再制造产品的销售,虽然会蚕食一部分新产品的市场，但是总的销售量仍能保持一定的稳定性，并且新产品的零售价格保持不变，而再制造产品的零售价格会随着再制造产品质量水平的提高而持续上升，所以供应链总利润会呈现出随再制造产品质量水平提高而持续走高的现象。

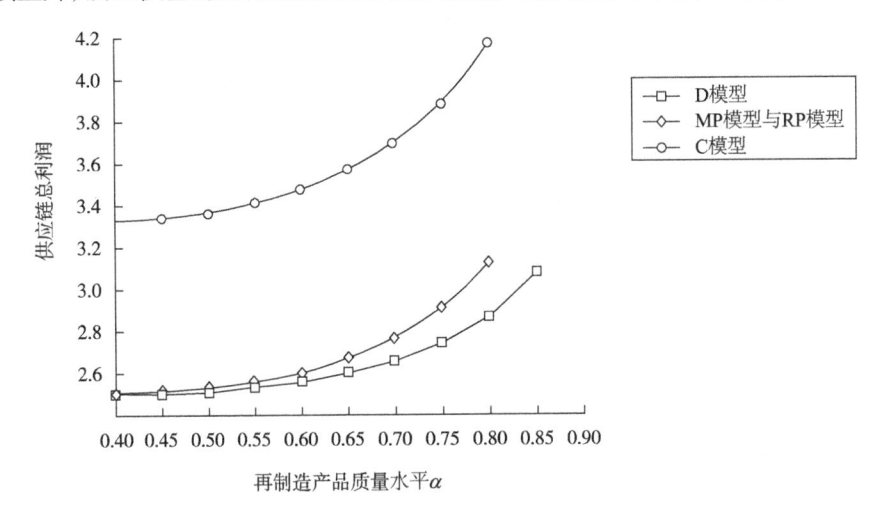

图 8.6 供应链总利润

由图 8.7 可以看出，零售商利润随再制造产品质量水平的提高而增加，当 $0.40<\alpha<0.80$ 时，零售商在 MP 模型中的利润高于 D 模型，且随 α 增长的利润增长速率高于 D 模型。这主要是因为原制造商与第三方再制造商组成联盟后再制造产品的批发价格相比 D 模型有所下降，相应地，MP 模型中再制造产品的零售价格低于 D 模型，将促进再制造产品的销售量增长，使零售商利润大幅提升。

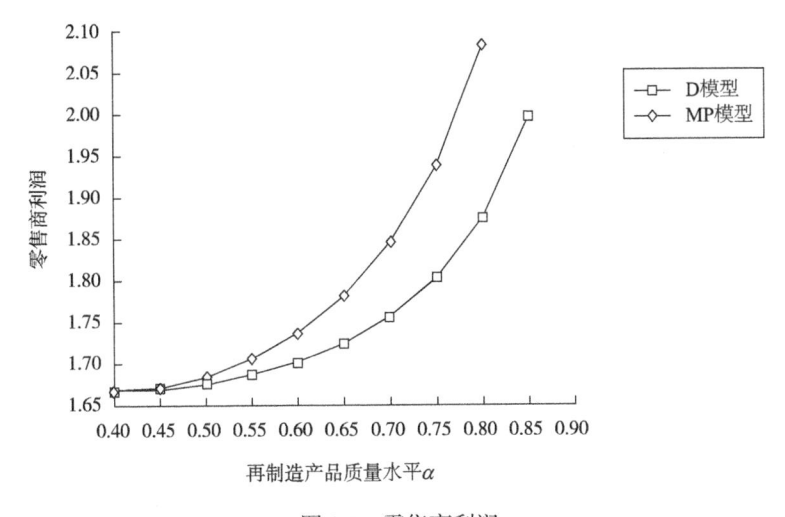

图 8.7 零售商利润

由图 8.8 可看出，原制造商利润随再制造产品质量水平的提升而增加，且在 MP 模型中增加的速率高于 D 模型。由图 8.9 可见，原制造商向第三方再制造商收取的单位专利许可费随再制造产品质量水平线性上涨，主要是因为再制造产品质量的提升会降低原制造商生产新产品业务上的收益，提高单位专利许可费是原制造商保证自己利润的有效途径。综合分析，当再制造产品质量水平提高时，虽然新产品的销售量出现下跌，但是原制造商通过提高单位专利许可费，依旧能够保证总体利润的增长。

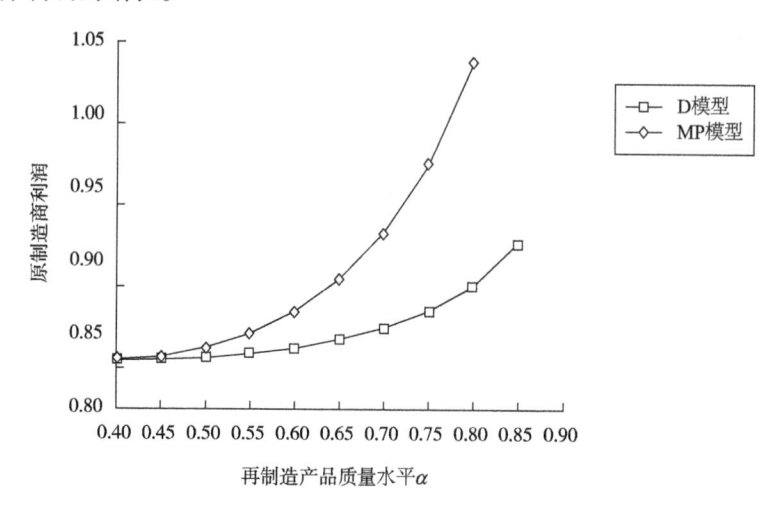

图 8.8 原制造商利润

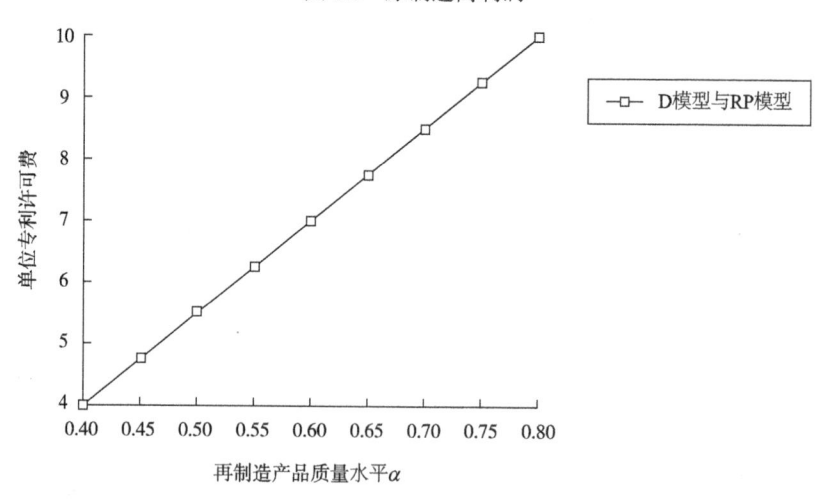

图 8.9 单位专利许可费

以下分析 α 对第三方再制造商选择战略联盟的影响，运用控制变量法，假设第三方再制造商在联盟中的决策影响力均相同,令 $\varphi_p^{\mathrm{MP}}=\varphi_p^{\mathrm{RP}}=\varphi_p^{\mathrm{C}}=0.3$,在 C 模型中 $\varphi_m^{\mathrm{C}}=0.5,\varphi_r^{\mathrm{C}}=0.2$。表 8.1 给出 α 不同取值情形下各种结构的供应链利润。

表 8.1　α 对第三方再制造商联盟选择的影响

α	D 模型			MP 模型				RP 模型				C 模型			
	Π_m	Π_r	Π_p	Π_m	Π_r	Π_p	$\Delta\Pi$	Π_m	Π_r	Π_p	$\Delta\Pi$	Π_m	Π_r	Π_p	$\Delta\Pi$
0.40	1.67	0.83	0	1.67	0.83	0	0	1.67	0.83	0	0	2.08	1.00	0.25	0.83
0.50	1.68	0.84	0	1.68	0.84	0.01	0	1.68	0.84	0	0	2.10	1.01	0.26	0.85
0.60	1.70	0.84	0.02	1.71	0.87	0.02	0.02	1.74	0.85	0.02	0.01	2.16	1.02	0.29	0.91
0.70	1.76	0.86	0.04	1.79	0.92	0.06	0.04	1.85	0.87	0.05	0.02	2.27	1.06	0.35	1.03
0.80	1.88	0.89	0.10	1.95	1.04	0.14	0.10	2.08	0.92	0.12	0.05	2.53	1.15	0.49	1.30

由表 8.1 可知,对于任何一种供应链联盟结构,再制造产品质量水平的提高均能提高闭环供应链各成员的利润及总利润。以上各种情形中,第三方再制造商在 C 模型中能够获得最大利润,因此与原制造商、零售商组成联盟是第三方再制造商的占优决策。

现实中第三方再制造商在不同的闭环供应链结构中往往具有不同的决策影响力,以下针对不同闭环供应链结构中决策影响力不平衡的情形进行分析,考虑以下三种情形 $\left(\varphi_p^{\mathrm{MP}},\varphi_p^{\mathrm{RP}},\varphi_p^{\mathrm{C}}\right)=(0.9,0.1,0.1)$、$(0.1,0.9,0.1)$ 或 $(0.1,0.1,0.9)$,表 8.2 给出在第三方再制造商决策影响力和再制造产品质量水平的双重作用下供应链各成员的利润。

表 8.2　α 和 φ 对第三方再制造商联盟选择的影响

α	$\left(\varphi_p^{\mathrm{MP}},\varphi_p^{\mathrm{RP}},\varphi_p^{\mathrm{C}}\right)$	D 模型			MP 模型			RP 模型			C 模型		
		Π_m	Π_r	Π_p	Π_m	Π_r	Π_p	Π_m	Π_r	Π_p	Π_m	Π_r	Π_p
0.60	(0.9, 0.1, 0.1)	1.70	0.84	0.02	1.70	0.87	0.03	1.74	0.85	0.02	2.11	1.25	0.11
	(0.1, 0.9, 0.1)	1.70	0.84	0.02	1.72	0.87	0.02	1.74	0.84	0.03	2.11	1.25	0.11
	(0.1, 0.1, 0.9)	1.70	0.84	0.02	1.72	0.87	0.02	1.74	0.85	0.02	1.75	0.89	0.84
0.70	(0.9, 0.1, 0.1)	1.76	0.86	0.04	1.76	0.92	0.08	1.85	0.88	0.05	2.22	1.32	0.15
	(0.1, 0.9, 0.1)	1.76	0.86	0.04	1.80	0.92	0.05	1.85	0.86	0.06	2.22	1.32	0.15
	(0.1, 0.1, 0.9)	1.76	0.86	0.04	1.80	0.92	0.05	1.85	0.88	0.05	1.81	0.91	0.98
0.80	(0.9, 0.1, 0.1)	1.88	0.89	0.10	1.89	1.04	0.20	2.08	0.93	0.11	2.46	1.47	0.23
	(0.1, 0.9, 0.1)	1.88	0.89	0.10	1.97	1.04	0.11	2.08	0.89	0.15	2.46	1.47	0.23
	(0.1, 0.1, 0.9)	1.88	0.89	0.10	1.97	1.04	0.11	2.08	0.93	0.11	1.94	0.95	1.28
0.88	(0.9, 0.1, 0.1)	2.12	0.95	0.23	2.14	1.29	0.43	2.58	1.05	0.24	2.96	1.78	0.41
	(0.1, 0.9, 0.1)	2.12	0.95	0.23	2.33	1.29	0.25	2.58	0.96	0.33	2.96	1.78	0.41
	(0.1, 0.1, 0.9)	2.12	0.95	0.23	2.33	1.29	0.25	2.58	1.05	0.24	2.21	1.04	1.90

由表 8.2 可知，以上绝大部分的情形中，选择 C 模型是第三方再制造商的占优决策；当 $\alpha = 0.88$ 且 $\left(\varphi_p^{\mathrm{MP}}, \varphi_p^{\mathrm{RP}}, \varphi_p^{\mathrm{C}}\right) = (0.9, 0.1, 0.1)$ 时，选择 MP 模型才是第三方再制造商的占优决策。综上所述，在绝大多数情形下，促成原制造商、零售商和第三方再制造商的三方联盟是第三方再制造商的占优决策；当再制造产品质量水平接近新产品，且第三方再制造商在 MP 模型中决策影响力远大于在 C 模型中的决策影响力时，选择 MP 模型是第三方再制造商的占优决策。

8.6 本章小结

本章构建了具有产品知识产权的单一原制造商、单一零售商及单一第三方再制造商组成的闭环供应链结构。在考虑再制造产品质量水平的情况下，本章运用 Stackelberg 博弈模型，构建了无联盟，原制造商与第三方再制造商联盟，零售商与第三方再制造商联盟及原制造商、零售商和第三方再制造商组成的联盟四种闭环供应链结构模型，对比分析了这四种模型的最优均衡决策，通过数值分析对模型最优决策进行验证，并进一步分析了再制造产品质量水平和第三方再制造商在联盟中的决策影响力对再制造商决策的影响，主要结论如下。

（1）再制造产品与新产品存在竞争关系，故再制造产品质量水平 α 需满足一定的范围，质量水平过低将导致再制造产品没有市场，质量水平过高则会完全消除新产品的需求。

（2）闭环供应链的均衡决策受到闭环供应链成员的联盟行为及再制造产品质量水平两方面的影响，但是新产品的批发价格和零售价格不受其影响。再制造产品的批发价格、零售价格和单位专利许可费会随着再制造产品质量水平递增而递增。在不同联盟情形下，供应链成员和供应链总利润均随再制造产品质量水平的提升而增加。对供应链总体而言，决策的集中化程度越高，供应链总体利润也越高。供应链中的两个成员组成联盟也会让另一个未参与联盟的成员受益。

（3）第三方再制造商的联盟决策受到再制造产品质量水平和第三方再制造商在联盟结构中的决策影响力的影响。当第三方再制造商在 MP 联盟中的决策影响力远大于在 C 模型中的决策影响力，且再制造产品质量接近新产品质量时，选择 MP 联盟是第三方再制造商的占优决策。在绝大多数情形下，选择 C 联盟是第三方再制造商的占优决策。

本章仍有一些不足之处，如再制造产品质量水平不仅受到再制造商技术水平的影响,还受到新产品质量水平等多种因素的影响,本章仅考虑了第三方再制造商直接参与回收废旧产品的情形,在实际中往往存在原制造商或零售商参与回收的情况,这些都可以作为后续深入研究和拓展的方向。

9 总结及进一步的研究方向

9.1 本书总结及主要结论

再制造及闭环供应链管理中的相关问题正逐渐成为新的经济条件下的热点问题，学者已从多方面展开研究，包括闭环供应链的渠道管理、供应链设计、网络均衡、定价机制与协调契约等。但是，从目前的综合成果来看，专利保护环境下的闭环供应链系统化的研究并不是很充分。本书运用定量化的分析手段，研究专利保护下的再制造系统与闭环供应链的生产、定价、政府补贴与联盟决策问题，主要研究结论如下。

（1）在专利保护下讨论了存在再制造竞争的闭环供应链的定价策略问题，通过集中决策、分散决策两种情形讨论了最优销售价格、回收价格、批发价格、单位专利许可费及供应链利润一些相关性质。

（2）针对零售商处于价格领导权的渠道结构，在考虑专利许可的前提下对闭环供应链的定价策略进行分析，采用博弈分析方法探讨了零售商领导原制造商、原制造商领导再制造商的闭环供应链定价策略，得到了最优销售价格、批发价格、单位专利许可费及废旧产品回收价格的最优策略。

（3）研究了产品受专利保护的情形下，零售商负责回收再制造的闭环供应链决策问题。在专利保护下针对包含一个供应商、一个装配商和一个再制造商的两级再制造供应链进行研究，并考虑到政府对再制造行为进行补贴的因素，按照政府不提供补贴、政府给供应商提供补贴、政府给再制造商提供补贴三种模式分析了供应商作为领导者，装配商和再制造商作为跟随者且装配商和再制造商关于产量形成古诺竞争的 Stackelberg 博弈模型。

（4）讨论了专利保护下考虑再制造程度的新产品和再制造产品的定价问题。通过两周期模型和 Stackelberg 博弈模型，得到约束优化问题和无约束优化问题两种情况下的均衡价格和再制造程度。本书用比较静态分析来分析消费者对再制造程度的关注程度和再制造执行效率对约束情况下均衡决策的影响。

（5）构建了具有产品知识产权的单一原制造商、单一零售商及单一第三方再制造商组成的闭环供应链结构。在考虑再制造产品质量水平的情况下，运用 Stackelberg 博弈模型，构建了无联盟，原制造商与第三方再制造商联盟，零售商与第三方再制造商联盟及原制造商、零售商和第三方再制造商组成的联盟四种闭环供应链结构模型，对比分析了这四种模型的最优均衡决策。

9.2 进一步研究的方向

由于本书是在专利保护下针对再制造闭环供应链的定价、协调与联盟决策展开的相关研究，关于此方面的研究包括非常多的内容，本书仅对其中的部分问题进行了探讨，具有一定的局限性，未来可从以下几方面进一步对问题展开研究。

（1）本书的再制造竞争是在假定新产品与再制造产品具有相同的质量和价格的条件下进行的，下一步可在新产品与再制造产品的质量、销售价格和批发价格存在差异且包含多个再制造商的情形下分析闭环供应链的定价、协调与渠道权力结构决策问题。

（2）本书的政府补贴问题考虑的是一个供应商参与零部件再制造的情形，现实中的产品核心零部件不止一种，从而导致再制造核心零部件的供应商不止一个，如何分析多个供应商参与核心零部件的再制造决策问题将是更具现实意义的研究。

（3）本书针对再制造程度提出了一个两周期模型，现实中一些类型的再制造产品可以重新制造，因此分析多周期再制造模型更具有现实意义。此外，新产品和再制造产品质量水平及供应链成员的行为偏好都将影响消费者的购买决策，因此我们可以在未来的研究中进一步考虑质量水平和公平偏好问题。

（4）再制造产品质量水平不仅受到再制造商技术水平的影响，还受到新产品质量水平等多种因素的影响，本书仅考虑了第三方再制造商直接参与回收废旧产品的情形，在实际中往往存在原制造商或零售商参与回收的情况，这些都可以作为后续深入研究和拓展的方向。

参 考 文 献

包晓英，唐志英，唐小我. 2010. 基于回收再制造的闭环供应链差异定价策略及协调[J]. 系统管理学报，9（5）：546-552.

曹晓刚. 2017. 不确定环境下的闭环供应链定价、协调与网络均衡决策[M]. 北京：科学出版社.

曹晓刚，闻卉，郑本荣，等. 2014. 混合需求下考虑专利保护因素的闭环供应链定价与协调[J]. 中国管理科学，22（10）：106-112.

曹晓刚，郑本荣，闻卉. 2015. 考虑顾客偏好的双渠道闭环供应链定价与协调决策[J]. 中国管理科学，23（6）：107-117.

陈章跃，王勇，刘华明. 2016. 考虑顾客策略行为和产品质量的闭环供应链决策模型[J]. 中国管理科学，24（3）：109-116.

丁斌，马海庆. 2015. 两级再制造的 S-M 闭环供应链的决策与绩效分析[J]. 中国管理科学，23（6）：118-125.

郭军华，李帮义，倪明. 2012. WTP 差异下再制造闭环供应链的定价策略与协调机制[J]. 系统管理学报，21（5）：617-624.

黄宗盛，聂佳佳，胡培. 2012. 专利保护下的闭环供应链再制造模式选择策略[J]. 工业工程与管理，17（6）：15-21.

黄祖庆，达庆利. 2006. 直线型再制造供应链决策结构的效率分析[J]. 管理科学学报，9（4）：51-57.

黄祖庆，易荣华，达庆利. 2008. 第三方负责回收的再制造闭环供应链决策结构的效率分析[J]. 中国管理科学，16（3）：73-77.

李新然，吴义彪. 2015. 政府"以旧换再"补贴下的差别定价闭环供应链[J]. 系统工程理论与实践，35（8）：1983-1995.

李新然，左宏炜. 2017. 政府双重干预对双销售渠道闭环供应链的影响[J]. 系统工程理论与实践，37（10）：2600-2610.

梁云，雷红，左小德. 2013. 有限产能下单向替代的闭环供应链定价模型研究[J]. 管理工程学报，27（1）：114-120.

刘志，李帮义，汪磊，等. 2018. 差异化竞争下考虑再制造专利许可的闭环供应链生产决策[J]. 运筹与管理，27（5）：66-74.

聂佳佳. 2012. 渠道结构对第三方负责回收闭环供应链的影响[J]. 管理工程学报，26（3）：151-158.

聂佳佳, 熊中楷. 2011. 信息分享模式对第三方负责回收闭环供应链的影响[J]. 管理工程学报, 25（2）: 74-81.

申成然, 熊中楷, 孟卫军. 2015. 考虑专利保护的闭环供应链再制造模式[J]. 系统管理学报, 24（1）: 123-129.

申成然, 熊中楷, 彭志强. 2013. 专利保护与政府补贴下再制造闭环供应链的决策和协调[J]. 管理工程学报, 27（3）: 131-137.

申成然, 熊中楷, 晏伟. 2012. 专利保护下闭环供应链差别定价及协调[J]. 工业工程, 15（6）: 76-81.

史成东, 陈菊红, 郭福利, 等. 2011. Loss-averse 闭环供应链协调[J]. 系统工程理论与实践, 31（9）: 1668-1673.

舒彤, 肖雨晴, 陈收. 2017. 政府补贴对再制造闭环供应链的影响研究[J]. 工业技术经济, 36（8）: 68-73.

孙浩, 叶俊, 胡劲松, 等. 2017. 不同决策模式下原制造商与再原制造商的博弈策略研究[J]. 中国管理科学, 25（1）: 160-169.

唐秋生, 牛婷婷, 马先婷. 2012. 基于 Stackelberg 理论的 MeRCRM 型闭环供应链批量折扣协调机制与定价策略[J]. 管理工程学报, 26（4）: 183-191.

王道平, 王婷婷, 张博卿. 2019. 政府补贴下供应链合作减排的微分博弈[J]. 运筹与管理, 28（5）: 46-55.

王建明. 2013. 专利保护下再制造闭环供应链差别定价与协调研究[J]. 运筹与管理, 22（3）: 89-96.

王芹鹏, 赵道致. 2014. 消费者低碳偏好下的供应链收益共享契约研究[J]. 中国管理科学, 24（4）: 102-110.

王文宾, 达庆利. 2010. 零售商与第三方回收下闭环供应链回收与定价研究[J]. 管理工程学报, 24（2）: 130-134.

王文宾, 达庆利. 2011. 奖惩机制下闭环供应链的决策与协调[J]. 中国管理科学, 19（1）: 36-41.

王文宾, 达庆利, 聂锐. 2011. 考虑渠道权力结构的闭环供应链定价与协调[J]. 中国管理科学, 19（5）: 29-36.

王文宾, 邓雯雯. 2016. 逆向供应链的政府奖惩机制与税收-补贴机制比较研究[J]. 中国管理科学, 24（4）: 102-110.

王玉燕, 于兆青. 2018. 考虑网络平台服务、消费者需求差异的混合供应链决策[J]. 系统工程理论与实践, 38（6）: 1465-1478.

肖旦, 周永务, 史欣向, 等. 2017. 分销供应链中零售商横向竞争下采购联盟的稳定结构[J]. 中国管理科学, （4）: 33-41.

肖露, 王先甲, 钱桂生, 等. 2017. 基于产品设计的再制造激励以及政府干预的影响[J]. 系统工程理论与实践, 37（5）: 1229-1242.

熊中楷, 申成然, 彭志强. 2011. 专利保护下再制造闭环供应链协调机制研究[J]. 管理科学学报, 14（6）: 76-85.

熊中楷, 申成然, 彭志强. 2012. 专利保护下闭环供应链的再制造策略研究[J]. 管理工程学报, 26（3）: 159-165.

许垒, 李勇建. 2013. 考虑消费者行为的供应链混合销售渠道结构研究[J]. 系统工程理论与实践, 33（7）: 1672-1681.

许民利, 莫珍连, 简惠云, 等. 2016. 考虑低碳消费者行为和专利保护的再制造产品定价决策[J]. 控制与决策, 31（7）: 1237-1246.

易余胤. 2009. 具竞争零售商的再制造闭环供应链模型研究[J]. 管理科学学报, 12（6）: 45-54.

易余胤, 阳小栋. 2014. 不同专利许可模式下的再制造闭环供应链模型[J]. 计算机集成制造系统, 20（9）: 2305-2312.

易余胤, 袁江. 2012. 渠道冲突环境下的闭环供应链协调定价模型[J]. 管理科学学报, 15（1）: 54-65.

张川, 肖敏, 黄帅, 等. 2018. 考虑顾客策略行为的易逝品体验式营销最优定价[J]. 系统管理学报, 27（4）: 783-790.

张汉江, 余华英, 李聪颖. 2016. 闭环供应链上的回收激励契约设计与政府补贴再制造政策的优化[J]. 中国管理科学, 24（8）: 71-78.

张蕾. 2008. 专利侵权判定中修理与再造的界定——以 Canon Vs. Recycle Assist 再生墨盒案为背景[J]. 电子知识产权, （9）: 52-55.

张玲. 2007. 专利产品的修理与专利侵权问题探讨——从日本再生墨盒案谈起[J]. 知识产权, （3）: 62-66.

张曙红, 张金隆, 冷凯君. 2012. 基于政府激励的再制造闭环供应链定价策略及协调机制研究[J]. 计算机集成制造系统, 18（12）: 2750-2755.

张铜柱, 储江伟, 崔鹏飞, 等. 2010. 汽车产品再制造中的知识产权问题分析[J]. 科技进步与对策, 27（3）: 91-94.

赵俊杰, 汪传旭, 徐朗. 2018. 专利保护下基于第三方回收的再制造决策[J]. 计算机集成制造系统, 24（10）: 2631-2642.

赵晓敏, 林英晖, 苏承明. 2012. 不同渠道权力结构下的 S-M 两级闭环供应链绩效分析[J]. 中国管理科学, 20（2）: 78-86.

郑本荣, 杨超, 杨珺. 2018. 回收渠道竞争下原制造商的战略联盟策略选择[J]. 系统工程理论与实践, 38（6）: 1479-1491.

Abbey J D, Blackburn J D, Guide V D R. 2015. Optimal pricing for new and remanufactured products[J]. Journal of Operations Management, 36: 130-146.

Aoki R, Tauman Y. 2001. Patent licensing with spillovers [J]. Economics Letters, 73（1）: 125-130.

Arda Y. 2016. Managing new and remanufactured products to mitigate environmental damage under emissions regulation[J]. European Journal of Operational Research, 249（1）: 117-130.

Atasu A, Sarvary M, van Wassenhove L N. 2008. Remanufacturing as a marketing strategy[J]. Management Science, 54（10）: 1731-1746.

Bakal I S, Akcali E. 2006. Effects of random yield in remanufacturing with price-sensitive supply and demand[J]. Production and Operations Management, 15: 407-420.

Bhattacharya S, Wassenhove L N. 2006. Optimal order quantities with remanufacturing across new product generations[J]. Production & Operations Management, 15（3）: 421-431.

Chiang W Y K, Chhajed D, Hess J D. 2003. Direct marketing, indirect profits: a strategic analysis of dual-channel supply-chain design[J]. Management science, 49 (1): 1-20.

Debo L G, Toktay B, van Wassenhove L N. 2005. Market segmentation and product technology selection for remanufacturable products[J]. Management Science, 51 (8): 1193-1205.

Dekker R, Fleischmann M, Inderfurth K, et al. 2004. Reverse Logistics: Quantitative Models for Closed-Loop Supply Chains[M]. BerLin: Springer-verlag.

Ferguson M, GuideV D R, Souzag G. 2006. Supply chain coordination for false failure returns[J]. Manufacturing and Service Operations Management, 8 (4): 376-393.

Ferguson M, Toktay L. 2006. The effect of competition on recovery strategies[J]. Production and Operations Management, 15 (3): 351-368.

Ferrer G, Swaminathan J M. 2006. Managing new and remanufactured products[J]. Management Science, 52 (1): 15-26.

Ferrer G, Swaminathan J M. 2010. Managing new and differentiated remanufactured products[J]. European Journal of Operational Research, 203 (2): 370-379.

Ginsburg J. 2001. Manufacturing: once is not enough[J]. Business Week, (16): 128-129.

Hong I H, Lee Y T, Chang P Y. 2014. Socially optimal and fund-balanced advanced recycling fees and subsidies in a competitive forward and reverse supply chain[J]. Resource, Conservation and Recycling, 82: 75-85.

Hong X P, Govindan K, Xu L, et al. 2017. Quantity and collection decisions in a closed-loop supply chain with technology licensing[J]. European Journal of Operational Research, 256 (3): 820-829.

Jena S K, Sarmah S P, Padhi S S. 2018. Impact of government incentive on price competition of closed-loop supply chain systems[J]. Information Systems and Operational Research, 56 (2): 192-224.

Li J, Du W H, Yang F M, et al. 2014. The carbon subsidy analysis in remanufacturing closed-loop supply chain[J]. Sustainability, 6 (6): 3861-3877.

McConocha D M, Speh T W. 1991. Remarketing: Commercialization of remanufacturing technology[J]. Journal of Business & Industrial Marketing, 6 (2): 23-37.

Mitra S. 2007. Revenue management for remanufactured products[J]. Omega, 35 (5): 553-562.

Mitra S, Webster S. 2008. Competition in remanufacturing and the effects of government subsidies[J]. International Journal of Production Economics, 111 (2): 287-298.

Nagarajan M, Sosic G. 2008. Game-theoretic analysis of cooperation among supply chain agents: Review and extensions[J]. European journal of operational research, 187 (3): 719-745.

Savaskan R C, Bhattacharya S, van Wassenhove L N. 2004. Closed-loop supply chain models with product remanufacturing[J]. Management Science, 50 (2): 239-252.

Savaskan R C, van Wassenhove L N. 2006. Reverse channel design: the case of competing retailers[J]. Management Science, 52 (1): 1-14.

Schmitz L, Holland C, Rhodes T L, et al. 2012. Reduced electron thermal transport in low collisionality H-mode plasmas in DIII-D and the importance of TEM/ETG-scale turbulence[J]. Nuclear Fusion, 52 (2): 023003.

Sen D, Tauman Y. 2007. General licensing schemes for a cost reducing innovation[J]. Games and Economic Behavor, 59: 163-186.

Seuring S, Müller M. 2008. From a literature review to a conceptual framework for sustainable supply chain management[J]. Journal of cleaner production, 16 (15): 1699-1710.

Shen Z J M, Su X. 2007. Customer behavior modeling in revenue management and auctions: a review and new research opportunities[J]. Production & Operations Management, 16 (6): 713-728.

Sheu J B, Chen Y J. 2012. Impact of government financial intervention on competition among green supply chains[J]. International Journal of Production Economics, 138 (1): 201-213.

Vorasayan J, Ryan S M. 2006. Optimal price and quantity of refurbished products[J]. Production and Operations Management, 15 (3): 369-383.

Wang X H. 2002. Fee versus royalty licensing in a differentiated Cournot duopoly[J]. Journal of Economics & Business, 54 (2): 253-266.

Webster S, Mitra S. 2007. Competitive strategy in remanufacturing and the impact of take-back laws[J]. Journal of Operations Management, 25 (6): 1123-1140.

Wu Y, Loch C H, Heyden L V. 2008. A model of fair process and its limits[J]. Manufacturing & Service Operations Management, 10 (4): 637-653.

Xu X, Pang D, Chen J, et al. 2018. Straw return accompany with low nitrogen moderately promoted deep root[J]. Field Crops Research, 221: 71-80.

Yan R, Pei Z. 2010. Information asymmetry, pricing strategy and firm's performance in the retailer-multi-channelmanufacturer supply chain[J]. Journal of Business Research, 64 (4): 377-384.

Zhang C T, Ren M L. 2016. Closed-loop supply chain coordination strategy for the remanufacture of patented products under competitive demand[J]. Applied Mathematical Modelling, 40 (13/14): 6243-6255.

Zhang J F, Huang D, Yang Y N, et al. 2010. Percutaneous transcatheter closure of patent ductus arteriosus with an amplatzer duct occluder using retrograde guidewire-established femoral arteriovenous loop[J]. Clinical & Experimental Pharmacology & Physiology, 35 (5): 606-610.

Zhang Y, Zhang T. 2021. Complex Dynamics in a Closed-Loop Supply Chain with Risk Aversion and Fairness Concerns Under Supply Disruption[J]. International Journal of Bifurcation and Chaos, 31 (9): 215.

Zhou S X, Tao Z, Chao X. 2011. Optimal control of inventory systems with multiple types of remanufacturable products[J]. Manufacturing & Service Operations Management, 13 (1): 20-34.

Zou Z B, Wang J J, Deng G S, et al. 2016. Third-party remanufacturing mode selection: outsourcing or authorization? [J]. Transportation Research Part E: Logistics and Transportation Review, 87: 1-19.